Un pastor llamado
JESÚS

Un pastor llamado JESÚS

Virtudes esenciales para un liderazgo transformador

Marco A. Huerta

© 2022 Marco A. Huerta
© 2022 Publicaciones Kerigma
Un Pastor llamado Jesús

© 2022 Publicaciones Kerigma
Salem Oregón, Estados Unidos
http://www.publicacioneskerigma.org

Todos los derechos son reservados. Por consiguiente: Se prohíbe la reproducción total o parcial de esta obra por cualquier medio de comunicación sea este digital, audio, video escrito, salvo para citaciones en trabajos de carácter académico según los márgenes de la ley o bajo el permiso escrito de Publicaciones Kerigma.

Diseño de Portada: Publicaciones Kerigma

2022 Publicaciones Kerigma
Salem Oregón
All rights reserved

Pedidos: 971 304-1735

www.publicacioneskerigma.org

ISBN: 978-1956778113

Impreso en los Estados Unidos
Printed in the United States

Contenido

Agradecimientos 9
Prólogo 13
Introducción 17

1. TRAS LOS PASOS DE JESÚS 23
1.1. Entre los salmos y los profetas 27
1.2. El amor de אבא *Abba* 31
1.3. Interpretando el liderazgo de Jesús 35

2. AMOR 39
2.1. Cristo, un ser libre para amar 39
2.2. El amor en el ejercicio del poder sobrenatural de Jesús y en su sentido de existencia 41
2.3. El amor como desapropiación 44
2.4. El amor como la disposición a dejar de ser por el bien de otros 48

3. CONSECUENTE 53
3.1. Jesús, un ser consecuente 53
3.2. Consecuente ante el elevado costo del amor 57
3.3. Jesús no es como el frívolo asalariado 61
3.4. Pan de vida: la belleza del ser consecuente de Jesús 64

4. LONGANIMIDAD 69
4.1. La virtud más fascinante en Cristo 69
4.2. La longanimidad del buen samaritano 72
4.3. La naturaleza resiliente de la longanimidad 74

4.4. La longanimidad de Jesús 79

5. HUMILDAD 83
   5.1. La virtud más sublime 83
   5.2. La humildad de Jesús 86
   5.3. Una virtud excelsa. 90
   5.4. La humildad como virtud esencial en el mesianismo de Isaías 92
   5.5. La humildad, un principio de la auténtica diaconía 95

6. CREDIBILIDAD 99
   6.1. El valor de la credibilidad 99
   6.2. La credibilidad de Jesús 101
   6.3. Hacia una ontología consecuente 104
   6.4. Jesús, un comunicador de una verdad transformadora 108
   6.5. La credibilidad como base de un ministerio legítimo 110

7. FE 113
   7.1. ¿Qué es la fe? 113
   7.2. La pedagogía de la fe 116
   7.3. La fe y la verdadera espiritualidad 119
   7.4. Somos siervos 123

8. GOZO 127
   8.1. La eficacia del gozo 127
   8.2. El gozo de Jesús 130
   8.3. El gozo de Jesús al disponer su don 135
   8.4. El gozo de vivir con pleno sentido y propósito 140

Apéndice 145
   I. El pastor y sus jóvenes: pautas básicas para una relación cercana y productiva 145

II. Las labores esenciales en el liderazgo pastoral 150

III. Salgamos fuera de la puerta: reflexionando sobre nuestro sentido de misión 154

IV. La belleza de la lealtad.. 156

V. Menos púlpito: reconociendo otros espacios donde también se interpreta nuestra pastoral 159

VI. Historia de dos caminantes: Manuel Huerta & María Rosa Valdés 161

Dedicado a mi padre
Pastor Manuel Huerta Neira; nuestro bello caminante.
Su legado, sus consejos y la belleza de su vida feliz, viven
en mí. Pastor amoroso y excelente comunicador de la fe.
Inspirador consejero y leal amigo. Un ser fácil de amar.
Fiel a la familia, a su llamado pastoral y a Cristo.
Gracias papá por encaminarme tras los pasos de un pastor
llamado Jesús. Te volveré a ver en el gozo del Señor.

Agradecimientos

Primeramente, le doy gracias a nuestro Señor Jesús, quien es la fuente de toda inspiración. Pensar y escribir de él, ha significado no sólo una bella aventura intelectual, sino también un transitar peregrino lleno de espiritualidad, devoción y adoración.

A mi esposa Erika, por comprender mis habituales desvelos y siempre mostrar una bella disposición para leer mis borradores. Sus sugerencias y su constante ánimo fueron cruciales para llegar hasta el final de este proyecto.

A mis hijos; Elías, Judith y David Emmanuel, quienes completan mi gozo. Ellos son siempre ese extra de alegría, curiosidad y motivación. Si hay unas personas que deseo que lean este libro y sean fascinados por la belleza de Jesús, son justamente ellos.

Mi profunda gratitud es también para mis padres; Manuel Huerta y María Rosa Valdés, quienes me mostraron con su vida comprometida la alegría de amar y servir al Señor. Mi madre me instruyó en la devoción espiritual y a elaborar mis primeros sermones. Mi padre me enseñó el servicio abnegado y el fervor por el conocimiento de la fe. Hoy mi padre, conocido por muchos como *el caminante,* está en la presencia de nuestro Señor. Mi madre sigue bendiciéndome con su amistad, sus oraciones y sus inagotables consejos.

De manera especial estoy muy agradecido con el Dr. Jesús Escudero, quien no sólo me motivó a escribir, sino que además abrió las puertas de la Editorial Kerigma para la publicación de esta aventura literaria. De igual manera mi especial gratitud a Marcela Escobar (Chile), Harry Luna (San Leandro California), Cesia Abigail Guzmán (Honduras) y Viviana Álvarez (Hayward California), quienes leyeron algunos capítulos de este escrito y me dieron a conocer valiosas sugerencias y correcciones de estilos. También, estoy muy agradecido con mis estudiantes de los diversos programas académicos, especialmente con aquellos que dialogué el tema y me enriquecí en varias ocasiones con sus excelentes comentarios.

Por último, siempre estaré profundamente agradecido con cada pastor y pastora con quienes tuve la oportunidad de servir en sus ministerios y aprender de su filosofía pastoral. Por cada profesor que fue parte de mi formación académica. Por los discípulos, amigos y amigas que han dejado en mi vida imborrables huellas de amistad, amor y compañerismo. A todos ellos, muchas gracias por ser parte de mi peregrinación.

"Si Jesús el buen pastor murió triunfante fuera de las puertas del Templo de Jerusalén; salgamos entonces como discípulos suyos, fuera de las puertas de nuestros templos, y vivamos plenamente a Cristo y su Evangelio"

Pastor Manuel Huerta Neira, un caminante de la fe.

Prólogo

Cuando le pedí a mi padre que escribiera el prólogo del presente libro, me miró y me dijo: *"hijo, será un privilegio y una inmensa alegría hacerlo; cuenta conmigo"*. Mi padre leyó mi escrito que en aquel entonces sólo tenía cuatro capítulos desarrollados. Se dispuso a escribir las primeras líneas del prólogo, señalándome que lo finalizaría cuando tuviera en sus manos el borrador final. Mi bello padre no alcanzó a finalizarlo, ya que el 11 de Enero del 2018, Dios lo llamó a su presencia. Por lo tanto, lo que leerás a continuación es lo que mi padre alcanzó a darme en Julio del 2017. Decidí incluirlo tal cual lo dejó, para honrar su disposición y la alegría que le significaba mi proyecto.

Al autor de este libro lo he conocido desde siempre; Marco Huerta, mi hijo mayor. Y aunque no deja de asombrarme todo lo que ha desarrollado en torno a su llamado como maestro, puedo decir con propiedad de padre que su presente libro *Un pastor llamado JESÚS*, no sólo representa un esfuerzo intelectual propio de su observación, sino también la presentación de su enriquecida experiencia como discípulo de Jesús. Él escribe este libro con la mente y el corazón, regalándonos de manera tan abierta su fascinación por Jesucristo; el líder espiritual más célebre de todos los tiempos.

Marco es un excelente maestro, con esa habilidad virtuosa de presentar los temas complejos de la manera más clara y entendible. En este libro se evidencia su don de transmitir de manera diáfana, una variedad de virtudes pastorales en Jesús. Las expone para nuestro asombro, pero también como una forma de cautivarnos y llevarnos a una plena identificación con dichas virtudes.

Desde los primeros capítulos te das cuenta que las virtudes desarrolladas en este libro, nos permiten rápidamente vislumbrar la belleza ministerial de Jesús. Pero no sólo para contemplarlas, sino también para aplicarlas a nuestro propio vivir y ministerio. Sin duda, que se ha escrito mucho de Jesús como líder y ministro, pero como bien dice Marco: *"pensar que el interés literario por él tenga fecha de caducidad o que ya no haya más que decir sobre Jesús, no sólo es un absurdo, también es una clara ingenuidad irreverente hacia el misterio de su ser"*.

Este libro está pensado para líderes y ministros, pero también para todo aquel que ha decidido ser un seguidor del Señor. Incluso, es un libro para no creyentes que simpatizan o tienen una válida curiosidad por la persona histórica de Jesús. El escrito tiene una lectura muy amena y comprensible que puede ser trabajado a nivel personal, en un grupo de discipulado o como parte de la bibliografía de alguna clase de liderazgo, vida de Jesús, teología de los evangelios o teología pastoral.

El escrito inicia con una mirada al liderazgo ministerial de Jesús. Un liderazgo auténtico y de innegable autoridad mesiánica. Sobre esa autoridad mesiánica, Marco hace una interesante reflexión bíblico-teológica sobre el ejercicio ministerial de Jesús, basado en la tradición de los salmos y los profetas del Antiguo Testamento. Sobre esto Marco señala: *"La disposición de Jesús, es una aproximación pastoral en el modelo de las metáforas pastoriles de los Salmos y de la literatura de los profetas"*.

Jesús es un comunicador de la verdad que no sólo la declara en su predicación, sino que además la muestra en su vivir público. Su propuesta ministerial, no sólo estaba enfocada en la exposición del mensaje divino, sino también en la proyección de bellas imágenes pastoriles bien encarnadas en él. Las personas escucharon el mensaje anunciado, pero también lo vieron modelado en la vida del mensajero Jesús. Esa bella armonía entre el anuncio y la vivencia, mostraba un mensaje divino no cercado por el aparataje litúrgico del templo. Más bien, era un mensaje libre donde Jesús se presentaba vívidamente como el verdadero Emanuel. El enviado de Dios muy cercano al entorno miserable de los hombres, y también solidario con su desventura y desdicha.

La primera virtud que aborda Marco en su libro, es la virtud del amor. Lo aborda como una virtud libre en Jesús y como la más clara evidencia de que él ha venido del Padre. Dentro de la misma idea, enfatiza que el amor es el sentido fundamental de lo que Jesús es y hace. El ejercicio de su poder sobrenatural, sus inspiradas enseñanzas y su disposición total para ser siervo de los hombres, Jesús las pudo irradiar

Prólogo

de manera tan libre y generosa. Todo esto lo difundía con alegría y total disposición, porque el profundo amor del Padre invadía y direccionaba todo el sentido de su ser y el propósito misional de su existir. Jesús ama porque el amor del Padre está en él, y desde ese amor perfeccionado y liberado de todo temor, vivió con paciencia las limitaciones de su naturaleza humana, no tomándolas como realidades que imposibilitaban la misión. Por el contrario, dicha naturaleza significó el idóneo escenario para conocer esa vida humana que deseaba sanar y salvar.

En el tercer capítulo, se desarrolla el interesante tema de la vida consecuente de Jesús. Marco nos deja ver esta ennoblecida y bella virtud, constituida como principio fundamental en la vida y ministerio de Jesús. Tal principio fue determinante a la hora de consolidar una imagen íntegra, ante un pueblo que siempre esperaba una fina moralidad de sus líderes religiosos. Como bien enfatiza Marco: *"no hay absolutamente ninguna dicotomía en la pedagogía de Jesús, ya que él vive intensamente lo que enseña, y el pueblo hasta ese momento no había conocido un líder tan consecuente y creíble como él"*.

El escrito se hace más fascinante cuando apreciamos que Jesús es consecuente con el elevado costo del amor, siendo la misma muerte de cruz la gran cima de su legado. Para vislumbrar este punto, Marco trabaja la parábola del redil y el buen pastor, para dejarnos asombrados con la importancia y la belleza de este gran atributo. El amor fue una virtud que Jesús disfrutó compartirlo desbordantemente. También, fue el contenido esencial de la revelación del Evangelio. Su amor transformó porque Jesús amó al mundo, a la manera que el Padre lo amó.

Manuel Huerta Neira
Padre, amigo y compañero

Introducción

¿Por qué decidí escribir *Un pastor llamado JESÚS*?

Cuando el Dr. Jesús Escudero[1] me sugirió la idea de escribir algo sobre liderazgo y teología ministerial, inmediatamente pensé en el deleite que significaría abordar este tema desde el legado de Jesús; el líder más excepcional de toda la historia. El amplio tejido de virtudes que nos ofrece el maestro itinerante de Galilea, justifica la certeza de que no hay otro líder en la historia que ofrezca tanta gama de cualidades ministeriales fascinantes para desentrañar y escribir. Jesús es un personaje donde las adulaciones no dan lugar, ya que lo que podemos decir de él nunca es un cliché zalamero. Por el contrario, siempre tendremos el sobresalto de vernos limitados en cualquier tipo de observancia sobre su persona y ministerio. Personalmente tengo la misma sensación que Juan, cuando en su capítulo 21 de su Evangelio señala que, si se hubieran escrito en aquel entonces en detalle lo que Jesús hizo, no habría suficientes libros para contener sus palabras y sus obras (Juan 21:25). Aunque lo que señaló Juan en su momento fue una forma hiperbólica[2] de presentar la fascinación por Jesús, sin embargo, en el devenir de los siglos si hay un personaje del cual se ha hablado y escrito de manera sideral, ha sido justamente de Jesús. Por lo tanto, pensar que el interés literario por él tenga fecha de caducidad o que ya no haya más que decir sobre su persona y ministerio, es un absurdo y una clara ingenuidad irreverente hacia el misterio de su ser.

Llevo muchos años en el ejercicio pedagógico, y mi campo de investigación es el Nuevo Testamento en sus variados contextos. Otras

---

1 Jesús Escudero, es fundador y actual director de publicaciones Kerigma.

2 Una de las figuras retóricas que me gusta enseñar en mis clases de Hermenéutica, es justamente lo hiperbólico (relativo a la hipérbole). Le explico a los estudiantes que la hipérbole en las Escrituras, no sólo busca la amplificación literaria de alguna figura o enunciado. También, es usado como una fascinante propiedad retórica para realzar la admiración, atractivo y belleza de un énfasis, situación o personaje. En relación al texto de Juan 21:25, las palabras del escritor no son el simple hecho de exagerar la nota, sino la forma más original de señalar toda la fascinación que generaban las palabras de Jesús, tanto en el entorno donde fueron expresadas, como en el mismo escritor que las retrata.

áreas como la filosofía, diversas disciplinas teológicas y los temas de liderazgo eclesial, han sido también de gran interés académico. Tanto la reflexión propiamente investigativa y los diálogos más prácticos, se han constituido en un bagaje donde mi ejercicio teologal y ministerial; la academia y el servicio pastoral, nunca las he percibido distantes. Por el contrario, han sido realidades donde disfruto sus dinamismos e interrelaciones. A través del compromiso y la experiencia con la comunidad de fe, mi disciplina docente con sus posibles aportes ha logrado espacio, sentido y pertinencia. No me imagino lo limitado que sería el quehacer teológico, si se distancia de la vivencia eclesiástica. Teniendo en mente dicho cuidado, lo presentado en este libro viene de ese compromiso y experiencia comunitaria. También, de la observación y la peregrinación siempre teológica, pero pensada y escrita de la manera más pastoral posible[3].

Una razón que primó para animarme a escribir *Un pastor llamado JESÚS*, fue la disposición literaria del tema para ser abordado desde las múltiples maneras en que puede ser pensado. Sin duda, hablar del liderazgo y ministerio de Jesús sigue siendo un contenido de inagotables imaginarios, con una propuesta ricamente multidisciplinaria y de una constante invitación a descubrir nuevos caminos, enfoques y miradas. Es tanta la riqueza, que ante cualquier descubrimiento la atracción y asombro por Jesús te envuelve. Seas creyente o no, religioso o agnóstico, nadie puede negar que la persona de Jesús es un verdadero ícono de la historia que fascina[4].

Los que trabajamos en el quehacer teológico, estamos constantemente preocupados por la erudición académica y de hermenéuticas que puedan enriquecer el saber del estudiantado. Sin embargo, estamos muy conscientes que insistir sólo en las inquietudes teológicas, de alguna manera nos podrían dejar a la deriva e incluso alejados de las preocupaciones más prácticas de la fe[5]. Teniendo en

---

[3] He tomado como mi propia filosofía ministerial, sostener que el quehacer teológico se enriquece en las vivencias eclesiásticas. Es en el seno de la comunidad de fe, donde su saber alcanza su mayor razón y pertinencia. Fuera de esta realidad la teología se hace especulativa, y a veces incapaz de dialogar, interpretar y contribuir al desarrollo de una fe que se vive en comunidad y se comparte inteligentemente con los no creyentes.

[4] Son varias mis experiencias donde puedo constatar de esa fascinación intelectual por Jesús. Tanto en círculos interconfesionales e incluso no cristianos, veo que Jesús es un verdadero ícono que no se puede ocultar ni mucho menos ignorar. Incluso, otras religiones abordan con amplitud e interés el tema de Jesús, y aunque no compartamos las ideas que sostienen de él, el hecho que sorprende es que aún en esos sistemas religiosos tan distantes al cristianismo, la imagen de Jesús no se puede ignorar ni mucho menos excluir.

[5] En mi relación con otros colegas, me he encontrado con algunos facultativos alejados no sólo de las preocupaciones prácticas de la fe, sino también de la misma comunión eclesial. En varios de ellos, el mundo teológico dejo de ser un servicio hacia la comunidad de fe. Prácticamente el

Introducción

mente este cuidado me propuse escribir este libro. Aunque sobre la mesa tenía otros proyectos para dar a luz, no obstante, el presente escrito representó sobre los demás, ese anhelo primordialmente pastoral de tratar las preocupaciones más inmediatas de la comunidad de fe y del ministerio. Pero esta preocupación en realidad siempre la he tenido como prioridad. Es por eso, que hace unos años abrí un blog donde a menudo me distancio del periférico mundo epistemológico con el fin de permitirme, como un hermano menor en la comunidad de fe, hacer de mi ejercicio teológico una aventura también ministerial, cercana a la comunidad que piensa, disfruta y comparte su esperanza[6]. Por lo tanto, el libro que tienes en tus manos fue escrito como una aventura pastoral donde la erudición y lo académico, aunque quizás presentes, no son la prioridad. El libro busca el despliegue afablemente ministerial, para que juntos nos encontremos con algunas de las virtudes que Jesús como líder y ministro por excelencia las irradió con destello elegante y creativo[7].

Un pastor llamado JESÚS, no es un escrito que busca presentar la amplia gama de virtudes ministeriales que hay en él. No cabe duda, que hay un mar de cualidades en Jesús que ameritan ser abordadas en varios ejemplares. Pero en este libro sólo reflexionaremos 7 virtudes que nos dejan apreciar la excelencia de Jesús en el arte del servicio y la entrega. Es una presentación siempre diáfana, del trenzado característico de aquello que va definiendo a Jesús como un líder espiritual extraordinario. Son virtudes pensadas como valores interrelacionados hacia un centro, donde Jesús mismo es el punto de partida. Por consiguiente, escribo de Jesús y desde él, ya que es el motivo supremo y la base conducente de todo lo inspirado[8]. Él es nuestro punto de inicio, el contenido y la finalidad misma del quehacer teológico[9]. Pensar en

---

quehacer teologal es puramente investigador y técnico, y las vivencias de la fe comunitaria no sólo las ignoran, algunos de ellos las desprecian.

6 La dirección del blog es: www.marcohuertav.com

7 No podemos negar la elegancia de Jesús tanto en la forma de conducirse y expresarse, como en el contenido mismo de su mensaje. Es un liderazgo de primer nivel, y para la gran mayoría de las personas, el personaje histórico insigne más admirado, seguido e imitado. La vida de Jesús y su liderazgo marco un antes y un después en la historia universal. Sus palabras marcaron su contexto inmediato, pero también trascendieron en la historia al grado de inspirar las bases de la civilización presente. ¿Quién podría negar la universalidad de Jesús? Absolutamente nadie, porque Jesús es ícono entre una era y otra, donde no sólo el velo del templo de rasgó, sino también el velo de toda la historia.

8 Si tendría que comparar el nivel inspiracional del liderazgo de Jesús con algo representativo, lo compararía con un prisma. Todos conocemos este cuerpo geométrico que tiene la particularidad de refractar y transformar la luz en diversos colores. Jesús es como un prisma donde la vida de todos los que se reflejan en él, son convertidos en su luz. Somos atrapados en su destello y somos transformados para descubrir nuevos colores, matices y virtudes. Bellos atributos que quizás no hubieran sido conocidos y explorados, sino hubiéramos conocido a Jesucristo.

9 En mis clases de Cristología justamente enfatizo esa verdad, ya que Cristo mismo es ícono esencial de la fe. Sobre su persona y su obra se fundamenta el contenido del Evangelio, la

Jesús y escribir de él representa una verdadera aventura envolvente, donde es imposible direccionar la investigación desde una sola modalidad vivencial. Escribir de Jesús es un refrigerio espiritual, emocional e intelectual, y no hay otro saber que conlleve tanto nivel de asombro, aprendizaje y realización.

El entretejido reflexivo de estas 7 virtudes es el resultado de mi propia experiencia de aprendizaje. En el ejercicio de mi quehacer ministerial, y en el ejemplo que aprecié de tantos líderes que conocí y disfruté de sus vidas, ministerios y enseñanzas, pude observar modelos consecuentes que nunca dejaron de irradiar la fascinación por Cristo y su obra. De manera especial, el libro es el resultado de la observancia al quehacer pastoral de mis padres. Ellos han sido modelos tan consecuentes, que nunca han dejado de transmitir el atractivo por Cristo y su obra[10]. Mis padres me enseñaron que seguir a Jesús es una experiencia de profunda significancia, y que no hay otra experiencia que contenga tanta realización, sentido y tanto atractivo por vivirla[11].

Son 7 virtudes las que analizamos no porque representen algún imaginario especial; al contrario, pueden ser todas las que la figura de Jesús te inspire. En lo personal, estas de alguna manera interpretan mi observación a Jesús y mi compromiso de esforzarme a seguir su ejemplo.

Jesús nunca ha sido un personaje dubitativo o de complejas imágenes de sí mismo. Él fue una persona muy sencilla, como sencilla la familia que tuvo y humilde el lugar donde nació. Nunca presumió algo ni presentó su exitosa figura pública de manera petulante. Por el contrario, Jesús fue cercano y un ser perfectamente acoplado a las vivencias cotidiana de los demás. La calle no le era un lugar desconocido, y fuese de día o de noche, conocía perfectamente esos rincones donde se encontraban las personas más necesitadas[12].

---

naturaleza de la fe salvadora y el quehacer ministerial. Él es la base donde todo nace y es establecido. El carácter práctico e intelectual de la fe, se desarrolla y se vigoriza desde la persona de Jesús. El dogma y la praxis se enriquecen en el contenido mismo de su mensaje.

10 Mis padres se casaron el 11 de Diciembre de 1971. En esa misma fecha fueron enviados como misioneros a la ciudad de Caldera (pequeña ciudad en la tercera región del norte de Chile). Desde aquel entonces hasta el presente, se entregaron pastoralmente con amor y abnegado servicio en las cuatro siguientes comunidades que les tocó ministrar (Iglesia de Dios en las ciudades de Copiapó, Osorno, Concepción y Chiguayante).

11 No cabe duda, que no hay otro modelo de liderazgo que se nos invite a vivirlo, que la vida misma de Jesús. Su inspiración es total, aun cuando sea el modelo que más exija excelencia total, plena identificación y abnegado compromiso.

12 Jesús era un líder que tenía calle, ya que dicho espacio era un lugar que interpretaba su devoción a Dios. El sabe que tiene un mensaje que no le pertenece al templo, sino a los suburbios oscuros de la ciudad. El tiene a Dios en su ser y debe soltar su amor no en los supuestos lugares sagrados, sino en los más paganos y alejados de lo religioso. El no se percibe como un sacerdote

Introducción

Este libro no procura afrontar todos los panoramas e inquietudes del arte de liderar o pastorear a la manera de Jesús. Más bien, busca facilitar procesos de comprensión sobre la propuesta pastoral de Jesús y considerar el camino ministerial que él propone. Jesús sigue diciéndonos: *"...venid en pos de mí, y os haré pescadores de hombres"* (Mateo 4:19). Jesús en esta invitación no formula una experiencia a distancia, por el contrario, es un llamado que sugiere un acompañamiento pedagógico donde se busca la total capacitación y empoderamiento. Por lo tanto, *Un pastor llamado JESÚS* es una aproximación a la persona de Jesús y su quehacer ministerial. Un acercamiento plenamente horizontal, rico en virtudes persuasivas y transformadoras. Una invitación a caminar su senda, imitar su filosofía de servicio ministerial y reproducir en nuestro diario vivir su consejo. Un encuentro con un Jesús libre y distante de la liturgia, no devoto al templo ni mucho menos participante de sus interminables solemnidades y formalismos.

Por último, en mi búsqueda de un mayor conocimiento bíblico de los énfasis y reflexiones realizadas en este libro, los versos citados son mayormente de la versión Reina Valera del 1960 (VRV-60). Otras versiones también han sido consideradas y citadas, por la comprensión más ampliada que nos logran entregar. Es muy importante ese detalle, ya que hay versiones que en su dinamismo nos permiten entender de la mejor manera al autor principal en su cultura, en el uso de modismos y en su momento histórico.

---

de la solemne liturgia, sino como un profeta de la calle que posee un mensaje lleno de amor y esperanza.

1

TRAS LOS PASOS DE JESÚS

No hay mayor universo literario para construir algunas ideas sobre el liderazgo transformador de Jesús, que las mismas entrañas del texto sagrado; y no hay mayor escenario que los evangelios, para encontrarnos con su indiscutible figura inspiradora. El predicador y maestro de la Galilea antigua, modeló una filosofía de vida y de servicio único, atractivo e innovador. Un ejercicio inventivo, sin duda atrevido, donde nunca buscó acomodarse al *status quo* de los jerarcas del momento. Por el contrario, Jesús se fue mostrando como una figura distante a la comedia de los incongruentes paladines religiosos de su tiempo.

Jesús es presentado en los evangelios como una figura pública que se impuso con propiedad profética. Una figura no difusa ni mucho menos con ideas imprecisas, donde la opción de seguirle y estar bajo su directriz nunca generó la sensación de una aventura incierta. Más bien, Jesús fue para los de su tiempo y para todos los que hemos decidido seguirle, la experiencia más renacida y la más iluminadora[13].

Jesús es un personaje difícil de seguir y difícil de imitar. Pero como bien le escuché decir a un excelente pensador y maestro, el pastor Darío Parish: *"Jesús es el modelo de ministro más difícil, pero es el mejor que*

---

[13] En lo personal, así siempre he imaginado la vida Cristiana; una experiencia abierta y nunca reservada. Llena de claridad y siempre proyectándose hacia adelante. De lo contrario, sería un sistema religioso que constantemente estaría reduciendo, limitando y apagando a sus devotos. Un sistema anclado al ayer y nunca proyectado hacia el futuro. Probablemente, esto último haya sido la finalidad de los religiosos del templo de Jerusalén en los tiempos de Jesús, que para mantener bajo control al pueblo buscaban siempre la forma de reducir, limitar y apagar su esperanza. Negándoles el derecho de imaginar la vida distinta y proyectada hacia un mañana no tan estrecho por las interminables prácticas formalistas, sino un mañana más redimido donde la libertad no es utopía, sino una auténtica herencia.

podríamos imitar"[14]. Sin duda, seguir los pasos de Jesús es una experiencia que requiere nuestro total compromiso. Él garantizó su presencia en el peregrinar de sus discípulos y de los que vendrían después, sin embargo, fue honesto al decir que seguirle debía ser una travesía no realizada a la ligera, a medias o a ciegas. Tampoco, a base de un impulso improvisado o temporal. Más bien, seguirle era asumir un voto perenne donde la idea de llevar la cruz sobre sí, no se debía pensar como un mero aforismo pomposo y grandilocuente. Por el contrario, la cruz era y sigue siendo la forma de describir una total rendición a Jesús y una plena identificación con su mensaje. Así como en el pasado, identificarnos con la vida y mensaje de Jesús, es quedar en plena afrenta con un mundano sistema donde su entelequia e ira contra todo lo que represente a Cristo y su mensaje, es su mayor demencia. Seguir al maestro itinerante de la polvorienta y pobre Galilea antigua, es quedar en plena enemistad con el mundo en su delirio de construir su existencia sin Dios (Santiago 4:4)[15].

Jesús actuó sobre bases y principios concretos. La constancia en el servicio, la sabiduría liberadora de su mensaje y su inteligente espontaneidad en su trato cotidiano, permitían un nivel de eficacia no vista en los que en su tiempo presumían la total soberanía religiosa y socio-política. Además, a diferencia de los poderosos del templo, Jesús no era parte de la estampida frenética por el poder o de la búsqueda de simonías jerárquicas. Tampoco pertenecía a la élite religiosa, y aunque amaba el templo, estaba lejos de su liturgia. Jesús aborreció desde el principio, el ilícito sistema religioso y la dirección corrupta de los que la presidían. El sistema cultual, el liderazgo del clero judío y los oficios diarios llenos de favores para los más poderosos, estaban tan lejos de lo que para Jesús significaba la casa de Dios. Nada de aquello interpretaba su espiritualidad litúrgica. Es más, en respuesta a tal contradicción Jesús hace su templo el campo, el huerto de Getsemaní, la playa, las calles polvorientas de Galilea y las montañas, donde en soledad nocturna su espiritualidad era libre y auténtica. Pero no sólo hizo de los espacios comunes su lugar santo, él mismo hace de su propia vida y ministerio un templo itinerante, cercano a los olvidados del sistema litúrgico[16].

---

14 Darío Parish junto a su esposa Cindy, son pastores de la Comunidad de Gracia en Houston, Texas. El pastor Darío Parish, es un destacado líder y expositor dentro y fuera del movimiento que preside.

15 El mundo siempre ha tratado de construir su existir sin Dios. Es parte de su arrogancia y soberbia. No quiere a Dios, y trata de convencerse a sí mismo que no necesita su amor ni mucho menos de su compañía. Todo esto se mantiene en pie mientras las cosas marchan bien, pero sólo basta con un pequeño movimiento para que toda esa falsa seguridad se desplome.

16 Siempre ha sido para mí un motivo de reflexión, el marcado distanciamiento que Jesús tenía para con el templo y su liturgia. En ninguna parte de los evangelios Jesús demostró devoción por el sistema cultual. Sin duda, Jesús amaba el templo, pero no con esa liturgia sesgada que los

Tras los pasos de Jesús

Al mostrarse Jesús cercano y solidario hacia la periferia olvidada, su propia vida se presentó como una puerta abierta de Dios para los inmundos del sistema litúrgico. Una puerta de apertura mayor que las puertas del templo. En esta acción, Jesús consolidó su imagen profética mostrándose como el legítimo y verdadero Emanuel profetizado en Isaías 7:14. El Emanuel que significa *Dios con nosotros,* inauguró el encuentro transformador entre la gracia divina y la tragedia humana[17]. Un encuentro donde el perdón y la liberación fueron concedidos en total gratuidad. Esta bendita apertura liberadora para nada es un acto menor, ya que los llamados inmundos o los alejados del templo, para el sistema también estaban alejados de Dios. Por ende, el acto de Jesús es atrevido para dicho sistema discriminatorio, porque el pueblo olvidado por primera vez siente la cálida presencia de Dios en Jesús. Lo más notable de esto, es que es una experiencia reivindicadora que se da más allá del templo y su liturgia[18]. Lo interesante, es que Jesús también intentó liberar al templo de la contradicción de sus líderes, especialmente cuando recriminó la corrupción financiera en la que estaban envueltos estos oficiales: *"...Mi casa, casa de oración será llamada; mas vosotros la habéis hecho cueva de ladrones"* (Mateo 21:13). Jesús trató de revindicar el templo en esta interpelación. Al llamarlo *casa de oración,* lo estaba imaginando como un lugar de santo encuentro, y no de usuras, fraude y favoritismos. La oración es un encuentro donde Dios y los

---

religiosos le habían impuesto. Amaba el templo, pero igual se distanció de su culto, porque no podía ser parte de aquello que no interpretaba la verdadera revelación de Dios. Jesús predicaba de Dios como un ser cercano y bondadoso con los más desposeídos. Un ser sensible y solidario con la penuria de los pobres, las viudas y con todos los que sufrían algún tipo de mal. Pero ese templo que debía ser la casa de Dios, más que revindicar, acercar y sanar a los enfermos y necesitados, en su inoperante sistema los excluía. Ante tal incoherencia, Jesús asume estar de lado de los excluidos. Se autoexilia del mundo religioso y se distancia del templo para estar en la periferia olvidada de los no bienvenidos. Jesús entre ellos se hace uno más entre los no dignos, uno más entre los olvidados.

[17] La expresión *Dios con nosotros,* no es sólo una innovadora forma de ver a Dios, también es la nueva forma de imaginar su presencia entre su pueblo. El Emanuel es íntimo y no lejano; es solidario y no demandante. No se manifiesta con afrenta, sino con total amistad. Viene a favor del pueblo y no para traer más cargas a su existir oprimido.

[18] La relación de templo y pueblo también es un tema que desata mucho mi interés bíblico. El hecho de que Jesús ejercitara su autoridad mesiánica lejos del templo, ya era una señal de una nueva disposición de Dios más allá de los formalismos, ritos y la misma liturgia antigua. Esto podría llamarle una verdadera reforma, ya que el templo representaba el único espacio donde la espiritualidad debía vivirse, pero Jesús hace todo fuera de esa realidad. Es más, Jesús consolida una verdadera teología de la devoción cuando ejerce todo su ministerio de manera callejera e itinerante. Pablo también señaló ante los atenienses, que el Dios de los cielos no habitaba en los templos (Hechos 17:22-24). Sin duda, que esta forma de mirar el templo Jesús las trasmitió a sus discípulos y ellos a las primeras comunidades. Si bien es cierto, no despreciaban el templo ni lo consideraban inoperante, sin embargo, la idea de que era el único espacio donde Dios era adorado, había sido plenamente superado.

hombres se acercan en mutua humildad[19]. La oración también es un ejercicio de la fe nunca reservada, sino dada como patrimonio para todo aquel que se acerca a Dios con total alegría. Es por eso la necesidad de Jesús de enseñarle al pueblo a orar, porque si hay algo imposible de limitar o robar, es justamente el deleite de la oración. Jesús sabía que al pueblo le podían robar todo, menos el acto de orar y acercarse a Dios en total confianza[20].

Por lo tanto, Jesús con su presencia y mensaje representó un encuentro para el perdón, la redención y la liberación de todos sin importar su condición. Jesús sanó a un ciego en el día que por la interpretación religiosa no se debía hacer ni la más mínima obra. De igual forma, obró a favor de los demás siendo el mismo el reposo para los cargados y trabajados (Mateo 11:28). Un verdadero descanso divino que el templo debía haber representado[21]. Recordemos que ni los ciegos, cojos y cuanto enfermo había, podían entrar y ni siquiera tocar las puertas del templo. A ellos, sólo les permitían allegarse a algunas de las puertas para pedir limosnas. Es por eso que ante el milagro que declaran los discípulos de Jesús sobre el cojo de nacimiento, él al verse completamente sano, lo primero que hace es entrar en plena algarabía y libertad por la puerta de la Hermosa, hasta ese día impenetrable por su condición (Hechos 3:1-10). Para este cojo y para todos los que experimentaron sanidad, Jesús fue el encuentro divino y el verdadero Emanuel. También fue un verdadero templo entre los necesitados, donde la plenitud de la deidad habitó (Colosenses 2:9) y el amor de Dios se irradió límpidamente.

Jesús es líder de una nueva disposición ministerial. Para él, lo más importante fueron las personas. El aparataje religioso, la liturgia, las tradiciones e incluso el mismo templo, no eran más importante que las

---

19 Jesús sabía que el culto a Yavé había caído en una profunda contradicción. Es más, las personas lo frecuentaban no con la actitud de un adorador, sino como religiosos que con el sólo hecho de realizar ciertas ceremonias, ya sentían que habían cumplido con sus ritos y su vano formalismo.

20 Hace unos años escribí un artículo inédito titulado *"un acto liberador"*, donde presenté la oración como un acto de profunda liberación. Tomé como base la audacia de Jesús al practicar la oración y enseñarla incluso fuera del contexto religioso del templo. Jesús motivó al pueblo a orar sin la necesidad de intermediarios, sin vanas palabrerías litúrgicas ni de espacios sagrados. Y lo más liberador, les enseñó a llamar a Dios como Padre con el fin de posicionarlos como hijos legítimos.

21 Los que hemos enseñado los evangelios e incluso el libro de Hebreos, podemos constatar que tempranamente los seguidores de Jesús ya tenían una sólida teología de la superioridad de Cristo por sobre las tradiciones del Antiguo Testamento. Jesús se mostró mayor que el templo y su liturgia, porque en esa presentación lograba liberar el mensaje del amor divino de esa estructura religiosa que la limitaba. Al liberar el amor, también abrió las puertas de la fe para que ninguna persona tuviera que sentir el temor de ser aborrecido o excluido al acercarse a Dios.

personas[22]. Ni las posiciones jerárquicas o las posesiones seducían a Jesús y su filosofía ministerial, como para perder tal disposición misional. Las personas no estaban en el borde de su trabajo, sino en el centro de su discurso y de su quehacer pastoral. Es importante reconocer que, si un ministerio gira en torno a cualquier cosa y no alrededor de personas, no es un ministerio fiel a Cristo. Jesús, como líder innovador, propuso una redimida visión antropológica donde hombres y mujeres, de todas las edades y sin distinción alguna, encontraban su gran valor en Cristo y en su proyecto transformador. Sin duda, que esta visión redimida del hombre en una sociedad masculinizada y adulto centrada, y donde las mujeres, los niños y los ancianos sólo eran sombras, no era fácil para Jesús darlo a conocer. Sin embargo, hizo todo lo posible por proveer la suficiente luz sobre este tema, mostrándose él mismo con claras señales de apertura. Él no sólo dignificó a los de las sombras, también los empoderó y los hizo depositarios de las dulces consecuencias del mensaje redentor.

Por último, Jesús fue un líder de una espiritualidad emancipada, abierta y visible. A diferencia del modelo de los religiosos, que proyectaban una espiritualidad sesgada, privada y beneficiosa sólo para algunos. Una verdadera madeja de formalismos, ritos y tradiciones que no liberaban a nadie. Al final, un perfecto escenario donde la hipocresía podía maquillarse de devoción. Pero Jesús irradió una perfecta santidad y una espiritualidad libre, donde no había ninguna razón para no acercarse a los enfermos, prostitutas y al resto de los paganos, con el fin de mostrarles el amor del Padre.

1.1. Entre los salmos y los profetas

La disposición solidaria de Jesús hacia los demás, era una aproximación pastoral en el modelo de las metáforas pastoriles de los salmos. El pastor retratado en los salmos habita entre el rebaño y no se aparta de los suyos ni en el momento más crucial de su existencia: *"Aunque ande en valle de sombra de muerte, no temeré mal alguno, porque tú estarás conmigo; Tu vara y tu cayado me infundirán aliento"* (Salmo 23:4). Este verso y otros que podríamos citar, nos dejan ver el compromiso del pastor de los salmos que va más allá de la ganancia y del tiempo de la

---

22 En el presente debemos nuevamente reafirmar la importancia que tienen las personas en el reino de Dios. Especialmente en esos sectores eclesiásticos donde el templo suele ser mayor que las personas, el dogma mayor que el amor y la celebración dominical mayor que la convivencia. Recordemos que Jesús valoró a las personas y las posicionó por sobre la estructura, por sobre la doctrina y por sobre el formalismo litúrgico.

jornada estipulada. Es más, el pastor de los salmos no dudaría en exponer su propia vida por el bien del rebaño, ya que existe para ellas[23].

El evangelista Juan consciente de los bellos retratos pastoriles, deja plasmado en su evangelio una de las expresiones más hermosas de Jesús: *"Yo soy el buen pastor: el buen pastor su vida da por las ovejas"* (Juan 10:11). La disposición de poner incluso su vida como garantía del compromiso completo hacia los demás, denota la consciencia que tenía Jesús de su auténtico mesianismo. Una verdadera teología de la entrega muy propio en la tradición del profetismo, especialmente en el mesianismo de Isaías (53:1-12). Tanto el pastor en la tradición mesiánica de los salmos como el siervo sufriente en Isaías, eran parte de estas bellas figuras epifánicas[24] del Antiguo Testamento, que anticipaban la novedad del enviado de Dios; el mesías verdadero que venía cercano a la miseria y al dolor de los hombres. En esa síntesis veterotestamentaria[25] presentada en cánticos, poemas, oráculos o declaraciones, se encaminó la riqueza de imaginar al mesías prometido no como un jerarca geopolítico, una caricatura aristocrática o un lunático más del sistema. Más bien, el mesías que venía de parte de Jehová, se le imaginó como humilde pastor que su vida entera giró alrededor del bienestar de los demás. El auténtico mesías vino para proteger y no para ser protegido; vino para servir y no para ser servido; vino para dar su vida por otros y no para pedir la vida de otros en beneficio de la suya. No hubo otra razón que justificara otra manera de percibir su vida, sino la de estar plenamente donada a los demás[26].

---

23 Siempre que enseño el Libro de los Salmos, quedo fascinado con la variedad de verdades y principios teológicos que sostiene. Se puede descubrir en sus bellas poesías pastoriles una verdadera teología de la ternura, del amor y del sacrificio. Estas y muchas otras referencias, reflejan los matices y énfasis que los salmos proponen para que el lector no sólo se encuentre con la interioridad de un escritor que le habla y le pide ayuda a Dios, sino también con la interioridad de Dios respondiéndole de manera solidaria al escritor. Ya en este punto, vemos los salmos como una maravillosa literatura donde lo vivencial es la base de su mensaje. Una vivencia que el lector del pasado y del presente, es invitado no sólo a contemplarla en sus poemas, sino también en su propia experiencia de vida.

24 La palabra epifánicas viene de epifanías, y es la forma que habitualmente le llamamos en el campo de la investigación bíblica a las manifestaciones gloriosas de lo divino. Epifanía es cuando Dios se hace manifiesto, con el fin de hacerse notorio, comprensible y cercano. Algunos ejemplos de textos epifánicos serían: Ezequiel 1:28, Habacuc 2:14, Tito 2:13, entre otros.

25 Veterotestamentario es una palabra compuesta; *vetero* relativo a lo antiguo y *testamentario* relativo a un testamento o convenio. Veterotestamentario es otra forma de decir Antiguo Testamento.

26 Es innegable la belleza teológica que podemos ver en el Libro de los Salmos. Su amplia visión del mesías en sus cánticos y poemas, va en perfecta sintonía revelacional con los textos mesiánicos de la literatura de los profetas. Tanto los salmos como los profetas, son la base teológica de todas las profecías mesiánicas. Las salmodias dan datos proféticos bastante claros y específicos. No entrega probabilidades, sino una gran data llena de detalles que son imposible no considerarlas. No sólo contiene profecía, el Libro de los Salmos es un libro íntegramente profético.

Tras los pasos de Jesús

Las pinceladas de las salmodias proféticas y las declaraciones del profetismo hebreo sobre el auténtico mesías, calzaron perfectamente en el perfil de Jesús. Pero los religiosos que lo rodeaban como jauría celosa, estaban muy lejos de las imágenes de los salmos y de los profetas. Incluso, Jesús les recriminó señalándoles que sus acciones interpretaban perfectamente la maldad de su padre el diablo: *"Vosotros sois de vuestro padre el diablo, y los deseos de vuestro padre queréis hacer. Él ha sido homicida desde el principio, y no ha permanecido en la verdad, porque no hay verdad en él. Cuando habla mentira, de suyo habla; porque es mentiroso, y padre de mentira"* (Juan 8:44). Lo dicho por Jesús, era una seria acusación que podría haber causado una arremetida desde la ley contra él. Sin embargo, no pudieron replicarle, ya que Jesús tenía un nivel de credibilidad imposible de disminuir y ensombrecer. Todos ellos mordían su cobardía, guardando en el fondo de su memoria su ira contra Jesús. Ira que después se soltaría en las acusaciones enardecidas y delirantes, que estos le harían a Jesús ante el Sanedrín y luego ante las autoridades romanas[27].

Otra nefasta contradicción de los fervorosos del poder religioso, era su notorio distanciamiento para con el pueblo. Se aislaban, escondiendo en sus ritos sus perturbadoras pretensiones y su sed de control. Pero Jesús no fue parte del circo de los poderes del templo; de lo contrario, hubiera sido traidor de su propia identidad como el Emanuel (*Dios con nosotros*), como también traidor a los salmos y a todos los profetas mesiánicos. Jesús demostró constantemente que era fiel a Dios y que su disposición pastoral no era para buscar su propio bien, sino el bien de los desventurados de su tiempo. A diferencia de los falsos puritanos religiosos, que dejaban al pueblo en total abandono, Jesús a la manera de los salmos miró al pueblo como especial tesoro, y con amoroso compromiso se entregó como su humilde pastor. Él procuró que sus palabras y sus acciones, interpretaran fielmente el interés de Dios por alcanzar con su amor a ese pueblo abandonado por la frívola religión de entonces[28].

---

[27] Hay un verso muy curioso en Mateo 26, donde se señala que dos días antes de la Pascua, ya los principales líderes religiosos estaban pensando como capturar a Jesús para asesinarlo: *"(3) Entonces los principales sacerdotes, los escribas, y los ancianos del pueblo se reunieron en el patio del sumo sacerdote Caifás, (4) y tuvieron consejo para prender con engaño a Jesús, y matarle"* (Mateo 26:3-4). Esto que describe Mateo, es un fiel reflejo de la ira llevada al nivel más oscuro de la maldad. Cuesta imaginar e incluso aceptar, que estos representantes de Dios e intérpretes ávidos de la ley, pudieran estar planeando el asesinato de un predicador itinerante. Esto sin duda, deja ver la podrida consciencia que tenían estos "siervos" del templo.

[28] El aparato religioso había abandonado tanto al pueblo que la idea de un Dios cercano y su templo como espacio de amor y paternidad, era una idea inexistente. Jesús percibió esto señalando con autoridad profética, que las multitudes eran como *ovejas sin pastor* (Mateo 9:36). Sin duda, que al leer en los evangelios la relación templo y pueblo, vemos una notoria ruptura donde el

La incoherencia de los religiosos, hizo que la imagen pública de Jesús tuviera un peso pastoral difícil de anular. Quizás, lo que más fascinaba de Jesús era el hecho de ser un líder tan cercano a la gente. Un inspirador que constantemente tomaba el riesgo de ir más allá de lo que aparentemente era sensato. Para él, lo menos que le importaba eran las apariencias y el ser religiosamente prudente. Más bien, fue un pastor dispuesto a romper los límites de las tradiciones, especialmente aquellas que sólo mantenía la desigualdad y las opresiones. Para él, valía la pena romper el límite de la distancia establecida para con los leprosos, dejar el puritanismo religioso e incluso permitir que una mujer de cuestionado vivir tocara sus pies. También Jesús supera el desdén hacia los gentiles, y sin temor da a conocer su revolucionario mensaje divino a los que pertenecían a las sombras del sistema discriminatorio. Las personas para Jesús estaban en el epicentro de su quehacer mesiánico, y a la vez eran el principal motivo de su misión sacrificial. Por ellos fue a la cruz para asumir el costo total de la libertad.

Los religiosos ocultaban su xenofobia con interminables protocolos; y su vano orgullo religioso, con actos públicos llenos de pedantería. Pero Jesús ganó el corazón del pueblo sin usar tretas o falsedades. Él fue humilde y ministerialmente original, alcanzando desde esas virtudes una total y notable popularidad. También era cercano y sensible. De pies polvorientos y experimentados en los tejidos del sufrir existencial. Sufrió con el pueblo porque no fue un observador periférico del dolor. Por el contrario, hizo su mesianismo desde el dolor, viviendo en carne propia, la inoperancia del sistema religioso y la injusticia como pan diario. Pero dicho dolor, nunca fue suficientemente poderoso para anularlo ni mucho menos atemorizarlo. Él sabía que su apuesta ministerial lo dejaba al filo del peligro, la acusación religiosa y de la misma muerte. Por lo tanto, Jesús no fue un aprendiz o un iluso e inocente joven profeta. Desde el principio sabía que la muerte cruel era un capítulo crucial en su compromiso pastoral. Pero un capítulo no final, sino un prólogo del amor, la esperanza, la sanidad y la libertad para todos sus discípulos que tenía y los que vendrían después[29].

---

templo dejó de ser para el pueblo un encuentro, transformándose más bien, en una realidad religiosa llena de ritos, y preocupada mayormente por los intereses personales de los poderosos.

29 En Juan 14:12, Jesús señala que la historia de la redención no culminaba en él, sino que seguiría en el ministerio de sus seguidores. Es más, les dice que mayores obras harían en su nombre, porque él era el prólogo y sus discípulos los capítulos continuadores de la maravillosa historia de la salvación.

1.2. El amor de אבא *Abba*

Jesús llamó a Dios אבא *Abba*, que traducido es padre o papá. *Ab* o *Abba* en su pronunciación tanto aramea como hebrea, era un modo íntimo de llamar a Dios. Jesús que conocía esta tradición, usó debidamente esta expresión para mostrar la manera de como él veía a Dios y la manera en que deseaba darlo a conocer[30]. Jesús predicó la novedad del amor de *Abba*, y en su narrativa teológica, Dios no estaba cautivo en el formalismo de la religión judaica, ni tampoco estaba limitado a la hermenéutica sesgada de los religiosos[31]. El Dios o el *Abba* de Jesús es un ser libre entre los hombres. Libre primeramente para amar, porque el amor era el acto supremo que le antecedía a la necesidad de mostrar su gran poder. Libre para expresar la buena nueva divina, donde todas las personas podían ser permanentemente beneficiadas. El *Abba* de Jesús, más que un sistema religioso deseaba una comunidad familiar. Más que súbditos, deseaba amigos. Más que una liturgia ocasional a su nombre, deseaba un encuentro permanente de amistad y amor en su nombre.

La presentación del Padre en Jesús rompió todas las imágenes impostoras construidas por la religiosidad de entonces. El Padre que anunció Jesús no es otro sino el mismo Dios de los patriarcas, de Moisés y los profetas. Es el mismo Dios interpretado en el Libro de los Salmos y en toda la plenitud literaria del Antiguo Testamento. El *Abba* que Jesús predicó ama y de manera eterna, y quiere ser *Abba* de toda la humanidad.

El movimiento de Jesús era un movimiento del amor de Dios ofrecido sin reservas. Todo lo que Jesús hizo y sigue haciendo, es interpretar fielmente el amor eterno de *Abba* para con toda la humanidad. De manera notable, el Evangelio de Juan en su célebre verso (Juan 3:16), taxativamente da testimonio de ese amor predicado por Jesús, como la porción motora de la buena nueva divina: *"Porque de tal manera amó Dios al mundo, que ha dado a su Hijo unigénito..."* (Juan 3:16)[32]. No hay otra virtud suprema que haya impulsado tanta

---

30 Jesús desea trasmitir de una manera novedosa y puramente familiar, la relación que puede darse entre Dios y los que con corazón humilde se acercan a él. Esta relación que promueve Jesús, está basada en la ternura divina donde Dios más que solemnidad desea amistad, y más que pleitesía desea amor.

31 Habitualmente uso en mis clases la expresión *hermenéutica sesgada*, ya que es notorio evidenciar que la interpretación de los religiosos de aquel tiempo, estaba muy lejos de ser integradora, solidaria y sensible. Por el contrario, era una hermenéutica sujeta a la rigidez de la letra y centralizada en los formalismos interpretativos de la ley. Tales interpretaciones no buscaban ser fiel al mensaje de la ley, sino al sesgo inherente del interprete.

32 Si hay un verso sumamente emblemático que encierra toda esta novedad de *Abba*, es justamente Juan 3:16. Un verso muy memorizado y citado, pero muy poco reflexionado y comprendido por un porcentaje considerable de creyentes. Juan 3:16, es uno de los pasajes que me ha llamado la atención su bella composición y lo que probablemente nos revela. En lo personal, el

redención de Dios por la humanidad, que su gran amor. Sólo el amor de Dios, pudo concebir una redención tan perfecta, eterna y eficaz.

Jesús con su propuesta ministerial de proximidad y solidaridad, se convirtió en un líder público de una autoridad imposible de ensombrecer. Su imagen trascendió y superó cualquier otra figura de su tiempo. Incluso las personas que le seguían, comenzaron a ver a Jesús mayor que los religiosos del templo, y aún más, mayor que el mismo templo y todo su formalismo litúrgico. Pero dicha imagen Jesús nunca la estimuló ni mucho menos la impuso, sino que brotó de manera espontánea en las personas, especialmente cuando se veían envueltas en ese amor pastoral de Jesús, hasta entonces solamente leído en los salmos[33]. Jesús propuso un liderazgo que se expresaba como don para aquellos que deseaban seguirle. Un don nunca establecido de manera despótica, de lo contrario no hubiera sido un regalo divino.

Un líder que impone sus pensamientos, su liderazgo y sus propias metas, delata la ausencia de matices de la gracia y del verdadero espíritu de Cristo. La visión que viene de Dios, nace espontáneamente del amor y la gracia divina, y debe seguir expresándose a otros siempre desde el amor y la gracia. No somos llamados a imponer absolutamente nada, porque si evidentemente Dios nos ha llamado como sus ministros, el Espíritu Santo producirá la docilidad suficiente en aquellos que nos ha tocado liderar. El carácter dócil se estimula en la confianza, la alegría y la disposición de las personas por seguirnos y creer en nuestro liderazgo[34].

El liderazgo de Jesús fue percibido por otros como un don divino. Cada vez las personas concebían la idea de que Jesús era especial, y que Dios evidentemente hablaba a través de él. Ninguno luchaba con la idea de que si él venía o no de Dios. Por el contrario, tenían la plena confianza en Jesús no sólo por el poder que evidentemente manifestaba entre ellos, sino también por sus palabras que liberaban el alma de aquellos que lo escuchaban.

---

pasaje me enseña 6 verdades maravillosas sobre el Evangelio: (1) El Evangelio es divino porque viene como iniciativa exclusiva de Dios. (2) Esta iniciativa surge del deleite divino de amar. (3) El Evangelio como testimonio del tierno amor del Padre, se constituye en la realidad más gloriosa que pudo haberse ofrecido a los hombres. (4) El Evangelio es Cristo que es ofrecido para la salvación de los que creen. (5) Las dulces consecuencias de su obra son absolutas y suficientes; y no hay necesidad de añadirle algo más a dicha maravillosa operación. (6) Dicha obra salvífica garantiza una transformación permanente para todo aquel que cree.

33 Me parece maravilloso contemplar en los evangelios a un Jesús que vive los salmos. Jesús es la Palabra, y tiene la total autoridad para anunciarla y vivirla. Jesús es la totalidad de los salmos. En su vivir, en sus palabras e incluso en sus silencios, el salmo en él habla.

34 Es muy importante tener en cuenta que Dios produce en nuestros discípulos el deseo amoroso y dócil de creer en nuestro liderazgo. Sin embargo, la responsabilidad es nuestra de mantener ese deseo en una sana cordialidad. Si nosotros descuidamos nuestro liderazgo y la sana convivencia, entonces perderemos credibilidad y fidelidad de parte de nuestros dirigidos.

¿Qué inspira hoy Jesús con su imagen pastoral? Sin duda, que inspira esperanza, transformación y futuro. Jesús sigue teniendo un proyecto para el presente y para el mañana, y fácilmente su Iglesia lo avizora, lo entiende y lo da a conocer. Como sus discípulos del presente, seguimos comprometidos con su gran proyecto pastoral: *"...Id y haced discípulos..."* (Mateo 28:19-20). Estamos convencidos, como el mismo Pedro lo estaba, que Jesús presenta un liderazgo de transformación; y suceda lo que suceda, no podríamos imaginar la idea de estar lejos de él: *"...¿a quién iremos? Tú tienes palabras de vida eterna"* (Juan 6:68). El concepto de *vida eterna,* no sólo lo pienso como un estado escatológico de vida imperecedera, también lo pienso como un estado presente de completa significancia y propósito[35].

Seguir a Jesús, es seguir un proyecto que representa un antes y un después en la vida de los que hemos decidido ir tras sus pasos[36]. Es un proyecto que involucra la totalidad de la vida, en cualquiera de sus modalidades o edades. Nada está fuera de su bendición y de la total realización que Dios promete al seguir sus pasos. Sea un niño o anciano; clérigos, profesionales o artesanos de oficio; sean hombres o mujeres, absolutamente todos son llamados para vivir en plena alegría, apertura y libertad el proyecto transformador del Evangelio. Ahora, esa misma realidad debería ser experimentada por aquellos que siguen nuestro liderazgo. Deberíamos preguntarnos sobre los beneficios a corto y largo plazo, que las personas están recibiendo bajo nuestro servicio ministerial. ¿Experimentarían un antes y un después en sus vidas? ¿Qué propone nuestro liderazgo? ¿Con qué proyecto transformador se encuentran los que presidimos en el Señor? Si nuestro ministerio ha de ser en el modelo de Jesús, entonces el atractivo de nuestro servicio no debería necesariamente radicar en innovadoras actividades, sino en la experiencia transformadora que muchos podrían experimentar[37].

---

[35] Desarrollé hace unos años un concepto que le llamé *escatología digna,* donde presentaba las promesas no sólo como una novedad futura, sino que muchas de ellas como bendiciones presentes y testimoniales que daban razón de nuestro encuentro con Cristo.

[36] El objetivo principal del liderazgo de Jesús es la transformación de vidas. No hay otra realidad principal que Dios tenga en mente, sino el de transformar la vida de aquellos que ha redimido. Es imposible ser igual después de un auténtico encuentro con Cristo, de lo contrario nunca existió tal encuentro.

[37] A menudo doy la clase de Eclesiología Emergente para el programa de Licenciatura del Seminario Teológico Presbiteriano ELET (El Cerrito, California), y uno de los tópicos que manejo en clase, es el análisis de ciertos modelos litúrgicos que se consolidan en los movimientos llamados emergentes. En algunos de ellos, se ve la constante preocupación por la parafernalia y la puesta en escena, creando una liturgia que gira alrededor de una performance previamente elaborada. No pienso que esto sea malo, pero si todo esto no consolida la transformación auténtica de los creyentes, entonces toda esta puesta en escena ha sido resultado de una preocupación mayormente estética, por sobre la necesidad misional de formar verdaderos discípulos de Jesucristo. La transformación de los creyentes es la finalidad primera y última del Evangelio de Dios en Cristo.

En Jesús, no sólo la demostración indiscutible de su poder sobrenatural era avasalladora, también la autoridad de sus palabras era imposible de ignorar. En su mensaje estaba la evidencia de su origen y su relación indisoluble con Dios, ya que hablaba con tanta claridad y convicción la verdad divina. Las personas que rodeaban a Jesús, los beneficiados por sus actos milagrosos y los que alimentaban su espíritu con sus palabras, sentían que estaban frente al verdadero Dios. Para ellos era una experiencia de total y auténtica espiritualidad. El pueblo le seguía, porque verdaderamente en él se hacía presente el Emanuel. Jesús era un predicador que nunca hablaba de Dios como una trascendencia distante, más bien lo presentó como un ser dispuesto a relacionarse con hombres y mujeres más allá de lo religioso.

Jesús fue un ministro con un claro distintivo paternal. Hubo paternidad en su mensaje y en sus obras. Era paternal porque para él Dios es amor puro, y todo lo que debía decir y hacer debía reflejar tal amor divino[38]. La opción amorosa de Jesús, su afecto y su cuidado ministerial, es el resultado de cómo él concibe la ternura divina.

Es prioritario para nuestro seguimiento al liderazgo de Jesús, entender que el mayor distintivo en el ministerio de él; es el amor. Además, todo lo que es él y lo que hace es desde el apasionado y eterno beneplácito de amar. Para Jesús el amor no es una opción ministerial, sino la naturaleza misma de su llamado. Y tal amor no lo limita ni mucho menos lo reserva, sino que lo entrega rebosantemente.

¿Cuál es nuestra virtud inherente que da testimonio de la naturaleza de nuestro llamado? ¿Cuál es la motivación suprema que mueve nuestro ministerio? Jesús manifestó una clara correspondencia entre lo que proyectaba como persona y lo que era en su ser interior. No hubo doblez en él, ya que estaba completamente convencido de quien era y la misión que poseía. Jesús estaba muy claro en las virtudes inherentes que él trasmitía. Entendía su motivación suprema que le daba sentido a su acción ministerial, y a su gran compromiso de ejercer su ministerio desde dichas virtudes, siendo la ternura la virtud divina insigne.

---

[38] Jesús percibe a Dios de una manera muy original. Sus imágenes no son de un Dios distante por su gran trascendencia, sino de uno que es amigable y cercano. Llamar a Dios *Abba*, no es simplemente una forma poética de llamarle, más bien es la manera de cómo Jesús ha entendido la revelación del Padre. Además, saca a Dios del plano puramente formalista y lo hace mucho más familiar. Lo hace más cotidiano y menos litúrgico, creando en sus oyentes la idea de un Dios tierno, familiar y solidario.

1.3. Interpretando el liderazgo de Jesús

Hemos señalado que la autoridad que propuso y ejercitó Jesús, fue una autoridad enriquecida en el amor y en el servicio. En otras palabras, la autoridad en él fue el ejercicio del amor manifestado en la disposición total de servir al prójimo con gozo. Buscando siempre en esa disposición, el bien de los demás. Para Jesús el servicio no fue una mera prestación de favores o una filantropía casual. Más bien, fue un compromiso permanente donde Jesús donó no sólo algunas acciones ocasionales, sino la vida entera sin limitaciones o reservas. Una donación de suprema consecuencia, compromiso e integridad. Jesús no sólo asistió al pueblo con algún don que supliera las necesidades inmediatas; él mismo existió para su pueblo como don íntegro. Lo más bello de esta acción, es su compromiso incluso ante la muerte como acto definitorio, voluntario y profundamente consciente de lo que significaría (Juan 10:17-18).

Jesús mostró desde siempre su disposición de poner a los demás en primer lugar, y su propia vida destinarla al servicio de todos ellos. No sólo multiplicó peces y panes, sino que él mismo se multiplicó entre los suyos como pan del cielo (Juan 6:51). Toda virtud milagrosa salía de su ser de manera tan espontánea (Lucas 8:46). Él fue entre el pueblo un refugio, mayor que el amparo que ofrecía el templo y sus festividades litúrgicas (Mateo 12:6-8). Un pastor en el acompañamiento, un profeta de la esperanza y predicador de la buena nueva de Dios (Juan 10:7-11).

¿Cómo ejercitamos el servicio en nuestro liderazgo? ¿Nuestros ministerios interpretan fielmente el servicio pastoral de Jesús? ¿Qué imágenes irradiamos como siervos y siervas de Dios? Recordemos que Jesús es nuestro modelo virtuoso. Un modelo no de la vitrina religiosa para ser sólo apreciado y admirado, pero nunca imitado. Él es el modelo que la misma comunidad de fe espera verlo reflejado en su liderazgo. No hay otro modelo que la iglesia requiera, sino el modelo de Jesús. Por lo tanto, si somos llamados al servicio de su reino, no habrá otra alegría para la comunidad de fe sino de saber que los que hemos sido llamados a servir, lo haremos imitando la belleza pastoral de Jesús[39].

---

39 En el 2013 escribí un artículo que sería distribuido en un evento pastoral en Chile. El tema tenía como título: "Hombres de Dios". En este escrito abordé la mirada bíblica de cómo podríamos imaginar el ministro. Cito un párrafo del contenido del escrito: *"El epíteto de hombre de Dios, inmediatamente me conecta con el servicio y no con el mando; con el negarme a mí mismo y no con el hedonismo de las prebendas; con el dar y no con el atesorar; con el amor auto-donado y no con la auto- complacencia; con el existir para otros y no con el afán de buscar mi propio bien; con el siervo inútil de Lucas 17:10 y no con el siervo malo de Mateo 25:26"*. Para su lectura consulte la siguiente dirección: https://marcohuertav.com/2013/03/01/hombre-de-dios

Un Pastor llamado Jesús

Por lo tanto, debemos irradiar la alegría de Jesús que se dispone a través de nosotros para servir y cuidar la comunidad que es su cuerpo. Así como el Señor disfrutó ver a las personas ser bendecidas en su ministerio, debemos también sentir el deleite de ver a nuestros discípulos completamente dichosos y plenamente libres para desarrollar todo su potencial y propósito[40]. Aquellos que presidimos en el Señor, no deben verse estancados o restringidos ni mucho menos ignorados. Tampoco deben sentirse escasos, limitados o improductivos. Recordemos que Jesús no forzó la relación con sus discípulos ni la basó en la manipulación, la mentira o la imposición. Ahora, si imitamos el proceder y la filosofía ministerial de Jesús, entonces nadie tendría que sentirse anulado, ensombrecido o girando sin sentido ni sin propósito alguno. El modelo de Jesús garantiza un proyecto que beneficia e impulsa el desarrollo de la vida en toda su plenitud. Llevar a cabo dicho proyecto, es buscar no sólo el beneficio de nuestros ministerios, sino también el de nuestros discípulos. Es muy saludable cuando nuestros discípulos pueden constatar que estamos haciendo una notable inversión no sólo para el desarrollo de nuestro propio ministerio, sino también en el de ellos.

Algunos modelos negativos de liderazgo crean a su alrededor verdaderas sombras dependientes y timoratas, incapaces de hacerse cargo de su propio desarrollo. Estos sistemas ministeriales están llenos de vanas instrucciones y manipulaciones, que sólo buscan mantener el control en beneficio de lo suyo. Son la comedia repetida de los líderes del templo que enfrentó Jesús, ya que estos últimos dirigentes del pueblo hebreo, fueron incapaces de cumplir el poderoso legado ministerial de Lucas 4:18-19. Más bien, insistieron en sólo dar una dosis de su propia religiosidad barata, que lograba un alivio temporal e ilusorio a la pesadilla del pueblo, pero nunca su total liberación. Como ministros del presente, tenemos la gran responsabilidad de reproducir fielmente los pasos ministeriales de Jesús. Asumiendo vivir permanentemente su legado ministerial, perfectamente explicado en el libro de Lucas: *"(18) El Espíritu del Señor está sobre mí, por cuanto*

---

40 En un diálogo pastoral realizado en el 2010 con algunos ministros de la Iglesia de Dios (distrito de Oakland y Richmond), tuve la dicha de exponer "relaciones productivas entre el pastor y su liderazgo". Un tema sin duda importantísimo y que no deja de ser pertinente, ya que en todos nosotros como ministros está el deseo de contribuir en el desarrollo íntegro de nuestro liderazgo. El énfasis dado en dicho diálogo abordaba tres principios fundamentales: (1) Debemos estar completamente comprometidos con nuestro liderazgo, tanto en su vida personal como en su proyección ministerial, de la misma forma en que ellos están comprometidos con nuestro ministerio. (2) Debemos proveerles constantemente espacios de fortalecimiento personal, como también una adecuada educación para que se desarrollen con las mejores herramientas ministeriales. (3) Garantizar espacios de confianza, confidencialidad y sensibilidad para que sus necesidades personales y ministeriales, puedan ser debidamente escuchadas y tratadas.

me ha ungido para dar buenas nuevas a los pobres; me ha enviado a sanar a los quebrantados de corazón; a pregonar libertad a los cautivos; y vista a los ciegos; a poner en libertad a los oprimidos; (19) a predicar el año agradable del Señor" (Lucas 4:18-19).

Cristo vino a servir, y en ese ejercicio abnegado sostuvo toda su legítima autoridad mesiánica. Su disposición hacia los demás fue percibida como dádiva a los hombres: *"Porque el Hijo del Hombre no vino para ser servido, sino para servir, y para dar su vida en rescate por muchos"* (Marcos 10:45). El servicio de Jesús siempre fue ofrecido como una verdadera dadiva y no había otra manera de percibirlo. Jesús sabía que era un siervo entre los hombres, pero un siervo que asumió el lado más incómodo del ministerio; ser el último, el menor y el que asume la parte más dura del sacrificio. Hoy usamos mucho la palabra siervo, pero algunas veces se ha usado paradójicamente como un título más en nuestros imaginarios jerárquicos, y pareciera que estuviera más relacionado con el privilegio y el derecho, más que con la responsabilidad y el servicio abnegado. En algunos sectores, incluso la palabra siervo es casi un grado o escalafón honorífico para obtener el reconocimiento y los mejores privilegios, alejándose de la idea de siervo como el menor y el que asume las acciones menos populares y deleitables.

Jesús sabía desde el principio, que el prójimo está en el centro del amor de Dios. De igual forma, todos los que hemos recibido el llamado a servir, debemos percibir nuestro ministerio como un don al servicio del prójimo que está en el centro del corazón del Padre. Desde esta observancia, entendemos que nuestro servicio nunca debe ser ocasional o restringido, sino total, permanente y de calidad. Un servicio direccionador que busca la dicha de nuestros dirigidos, y que se sientan bendecidos y favorecidos con nuestra entrega. También se trabaja en equipar y potenciar sus dones, talentos y vocación ministerial. Debemos ser escultores de vidas, tal cual Jesús lo fue. Artesanos de horizontes ministeriales para que muchos de nuestros líderes se proyecten en la obra de Dios. No debemos dejar a medio terminar la vida y ministerio de nuestros líderes. Tampoco hacer un trabajo de formación, usando las herramientas más baratas y rudimentarias. Debemos guiar a nuestro liderazgo y a todo el pueblo en general, hacia donde Dios quiere que estén. Debemos formar sus vidas para que sean lo que Dios quiere que sean. Debemos equiparlos donde Dios desea usarlos. Debemos llevarlos donde Dios quiere prosperarlos. No deben ser formados solamente a mi idea o bajo mi modelo personal, ni mucho menos para satisfacer mi propio interés y éxito ministerial. Recordemos que fue justamente ese modelo mezquino, lo que Cristo mismo aborreció y denunció[41].

La propuesta pastoral de Jesús se levantó como amanecer, para darle fin a la pesadilla de su pueblo. Él fue un líder de la vida, la dignidad y la libertad total del ser humano. Mientras el sistema religioso del templo abandonó al pueblo, convirtiéndolo en ovejas no de Dios sino del sistema corrupto, Cristo vino a los que el sistema despreció y los hizo su especial rebaño. Los del templo sostenían un sistema cultual inoperante e injusto. Ellos sólo exigían y recibían, ya que estaban muy atentos y conscientes de sus privilegios, sin embargo, eran ciegos e indiferentes a sus verdaderas responsabilidades. Pero Jesús se mostró como una habitación itinerante entre Dios y su pueblo. Una habitación sagrada, donde Dios se encontraría con todos aquellos que serían sus discípulos. Un ministro de un nuevo templo y un nuevo reposo, mayor que el sábado con todas sus solemnidades y festividades[42]. Un siervo que dejó de lado cualquier derecho o privilegio que podía demandar, para asumir de manera total las responsabilidades de su mesianismo.

Debemos ver a las personas tal cual como Jesús las apreció. No podemos amarlas de otra manera, sino como Jesús las amó. Nuestro servicio debe ser íntegramente al estilo de él, donde el reflejo de su virtud no debe ser tenue ni mucho menos intermitente. Lo que irradiamos de Cristo debe ser real, intenso y permanente. No es una sombra de Cristo lo que transmitimos, sino el brillo perfecto de su ser. Las personas que servimos y presidimos en el Señor, deben tener la hermosa alegría de ver a Jesús en nuestro servicio, dirección y liderazgo.

---

[41] No cabe duda, que todos tenemos una completa idea del ministerio en el modelo de Jesús. Esto lo hemos aprendido desde los evangelios, ya que desde su lectura podemos percibir y constatar como Jesús desarrolló su filosofía de la entrega entre el pueblo. En lo personal, cuando investigo la pastoral de Jesús, mis primeras lecturas son al Evangelio de Marcos. Lo considero un escrito muy dinámico, donde Jesús está en plena actividad ministerial, y desde la mirada del escritor, Jesús prácticamente no descansa. En Marcos se registran muchas obras milagrosas y muchos actos lleno de empatía por parte de Jesús. Hay mucha sensibilidad descrita y mucha interacción pastoral entre el pueblo y Jesús. A diferencia de Mateo que presenta a Jesús como heredero del reino, Marcos lo presenta distante a toda idea jerárquica, siendo la imagen de un siervo entre los hombres la mejor manera que el escrito pudo imaginar a Jesús.

[42] Para una lectura bíblica sobre la soberanía de Cristo y su trascendencia, es necesario leer el libro de Hebreos. Este libro construye una verdadera teología de la soberanía de Cristo, que está por sobre todo el aparataje teológico del Antiguo Testamento. Uno de los versos notables se encuentra en su primer capítulo: *"El cual, siendo el resplandor de su gloria, y la imagen misma de su sustancia, y quien sustenta todas las cosas con la palabra de su poder, habiendo efectuado la purificación de nuestros pecados por medio de sí mismo, se sentó a la diestra de la Majestad en las alturas"* (Hebreos 1:3).

2

AMOR

"Como el Padre me ama a mí, así los amo yo a ustedes. Permaneced en MI AMOR"
(Juan 15:9, versión BLPH Biblia La Palabra Hispanoamericana)

2.1. Cristo, un ser libre para amar

¿Qué podríamos decir de lo que no se haya dicho antes sobre el amor? ¿Para qué insistir en aquello, dirían algunos, que desde los inicios de la literatura ha sido una virtud espléndidamente dialogada? La verdad es que me animo a escribir del amor, ya que es una de esas virtudes que no están presas de las conclusiones finales. No existen los definitorios desenlaces en el tema del amor ni el fin del descubrimiento de nuevos sentidos que nos permitan experiencias significativas y trascendentes. Más bien, imagino el amor como una virtud emancipada, donde agotar su reflexión es un imposible.

En Cristo el amor fue una virtud libre. Un atributo no sólo consolidado y vigorizado en su discurso, sino también en su vida cotidiana. El amor enseñado, pero también demostrado por Jesús, revelaba un dinamismo existencial firmemente amalgamado y enraizado en la novedad ministerial que él proponía. El rabino itinerante amó y de manera verdadera. Amó la existencia del otro, porque el otro (su prójimo) está en el centro del interés eterno de Dios. En el centro del ser de Dios está el hombre y la mujer, y Cristo al amarlos alineó su sentido misional hacia el centro del corazón de Dios. Desde ese amor Cristo construyó una innovadora visión antropológica, siendo el hombre el beneficiario principal de toda la buena nueva de salvación. Dios en

Un Pastor llamado Jesús

Cristo buscó la humanidad para dejarla en plena horizontalidad con los beneficios del perdón y la transformación ofrecida desde el Evangelio. Esto revela que el hombre nunca fue un tema secundario en el quehacer ministerial y en la homilía habitual de Jesús. Desde los más pequeños, los jóvenes, los adultos y hasta los ancianos, todos ellos estaban en el centro de su plegaria y preocupación profética. Eran las personas, y no la liturgia ni el templo ni mucho menos la ley, lo que inspiraba en Jesús sus bellos actos redentores. La lucha diaria de hombres y mujeres por mantener en pie su esperanza, eran el impulso movilizador de toda la maquinaria redentora llevada a cabo por Jesús. La suntuosidad de los líderes bien acomodados del templo y la élite judía de entonces, Jesús los miraba con distancia. Pero el campesino, el pescador y la viuda desamparada; como también los leprosos e incluso la prostituta y la estigmatizada samaritana, eran para Jesús el fin y a la vez el contenido de su lucha.

Cristo también amó su propia existencia, ya que el mismo procede de *Abba*. El Padre lo envió en amor, siendo Cristo mismo no sólo un comunicador de ese amor, sino también su expresión vibrante: *"Porque de tal manera amó Dios al mundo, que ha dado a su Hijo unigénito, para que todo aquel que en él cree, no se pierda, mas tenga vida eterna"* (Juan 3:16)[43]. El amor ha sido la motivación primigenia y la causa mayor de la apertura salvífica para la humanidad entera. Es por eso que amor y salvación son contenidos esenciales del Evangelio. En amor se presentó Cristo en el escenario de la historia de los hombres, dando testimonio del anuncio salvífico ofrecido en plena gratuidad por un Dios que ha amado eternamente. Sin duda, que este dinamismo de amor y salvación hicieron de la predicación del Evangelio de Jesús un anuncio plenamente innovador y poderosamente eficaz.

Cristo amó porque su ser y su misión vienen del Padre que le ha amado eternamente, y ha amado la humanidad aún en su caída y tragedia. Todo el contexto eterno de Jesús; su estado pre-encarnado, su encarnación y el misterio mismo de su glorificación, representaron la plenitud de un plan puramente amoroso. El amor estaba presente y

---

[43] La primera vez que realicé una exégesis, como parte de los requisitos para la finalización del curso de griego entregado por el Dr. Yattencie Bonilla, trabajé en la traducción y análisis exegético de Juan 3. Tomé dicho capítulo, porque deseaba encontrarme con la riqueza interpretativa del conocido verso 16. En pleno proceso me llamaron la atención varios puntos, siendo uno de los más notorios, la definición del término *mundo* que en griego es κόσμον *kósmon*. Fue interesante entender que la palabra *kósmon* abarcaba la humanidad y toda la existencia que está plenamente conectada a ella. *Kósmon* no se refiere a la humanidad como una realidad separada de su entorno, sino la humanidad en relación al cosmos en su sentido más profundo y amplio. Es la humanidad y su escenario creacional. Desde este análisis, entendemos que Dios amó la humanidad en su devenir histórico; en sus triunfos y tragedias. Amó su cultura, la cotidianidad de sus vivencias y el entorno natural donde el hombre se desarrolla. Amó al mundo y los que en el habitan.

sustentando todo ese paisaje existencial. Jesús vivió cada etapa de su existir terrenal con plena consciencia y responsabilidad del amor divino que tenía que irradiar.

El amor es el sentido fundamental de lo que Jesús es y hace. Todo en él fue una verdad revelada por el Padre y estimulada desde el amor divino. Note estas palabras de Jesús: *"Yo les he dado a conocer tu nombre, y lo daré a conocer aún, para que el amor con que me has amado, esté en ellos y yo en ellos"* (Juan 17:26). El texto habla de conocer el nombre, y en el contexto judío esto significaba conocer la plenitud de la persona. De alguna manera, dar a conocer el nombre de Dios Padre, era dar a conocer la interioridad amorosa de él. Recordemos que en la cultura judía el nombre se percibía como una extensión ontológica del ser[44]. Saber el nombre era saber algo de la identidad de una persona. Esto significa que Jesús al decir *"he dado a conocer tu nombre"*, estaba dando a conocer la interioridad del carácter de Dios. Dar a conocer el nombre de Dios, es hacer más cercano el misterio de lo divino, con el fin de no sólo conocerlo, sino también de entrar en esa posible comunión eterna con su amor divino. Comunión que en el Antiguo Testamento la aprecias limitada y en algunos casos esquiva, pero en la nueva disposición divina que es la gracia, la percibes plenamente posible.

2.2. El amor en el ejercicio del poder sobrenatural de Jesús y en su sentido de existencia

Tanto el amor y el servicio mismo, fueron complementos en el ejercicio sobrenatural del poder de Jesús. No me imagino al Maestro exponiendo su gran poder sobrenatural, sin la sazón del amor. Jesús manifestó poder para sanar, liberar y aliviar la carga de los hombres, no porque quería demostrar que tan poderoso era la plenitud de Dios en él, sino para dar testimonio de lo cercano, accesible y amoroso que era Dios en él. ¿Qué sería el poder y la autoridad divina en Jesús sin la virtud del amor? Sería sólo el ejercicio enérgico de una autoridad trascendente que despliega su gran poder, únicamente para demostrar que tan elevado y distante

---

[44] Siempre ha sido muy interesante ver en la Biblia, la relación que tiene el nombre con la vivencia misma del poseedor de dicho nombre. Sin bien es cierto, en el presente y en nuestra cultura tal relación no existe. Sin embargo, no deja de ser interesante como el nombre en el contexto judío antiguo, representaba la interioridad de dicha persona. Notorio es el caso de Sara, la esposa de Abraham, que su nombre significaba *"madre de naciones"* (Génesis 17:15-17). Jabes que significa *"hacedor de dolor o tristeza"*, oró a Dios para que su existencia fuese plena y bendecida (I Crónicas 4:9-10). El más célebre de todos los ejemplos, es el de Jesús. Su nombre significa *"Yavé es Salvación"*, y es justamente la salvación en Yavé la que siempre Jesús anunció.

está de la finitud, tragedia y desdicha de su pueblo, pero nunca la acción inmanente de una autoridad que muestra su poder como iniciativa amorosa de acercarse, encarnar y amar la pequeñez y la insignificancia de su pueblo, con el fin último de salvarlos de su total fatalidad. Pero, ¿Jesús usó el poder sin amor? ¿Estaba el amor como operación previa a los actos milagrosos? Claro que estaba, es más, Jesús en todos sus actos prodigiosos quiso dar testimonio del amor de Dios, más que de su gran y descomunal potencia.

En sí el milagro ya es un acto omnipotente, pero Jesús fue más allá de su potencia. El despliegue de su autoridad, apuntaba revelar la omnisciencia de Dios. La virtud de la omnisciencia, significa que Dios todo lo sabe, y al saberlo todo, también lo siente absolutamente todo. Es por eso que el nivel de sensibilidad de Jesús es inconmensurable, siendo sus actos poderosos una respuesta solidaria hacia lo que él percibe[45]. Él no sólo supo del dolor; también lo sintió. Los actos admirables de Jesús fueron actos omnipotentes, pero la motivación amorosa de dichos actos fue desde su omnisciencia, porque Dios todo lo sabe y todo lo siente. Jesús logró ver y sentir los estragos de la enfermedad vil, el cuerpo sin vida de una niña y la deshumanizante realidad que deja el demonio. Es por eso que ante la timidez de aquel leproso moribundo que le dijo: *"Señor, si quieres, puedes limpiarme"*, Jesús que todo lo sabía y sentía inmediatamente exclamó: *"...Quiero, sé limpio"* (Marcos 1:40-41)[46].

En la sanidad de la hija de Jairo, en el milagro concedido al siervo del centurión, en la alimentación milagrosa de la gran multitud y en todos los hechos milagrosos que podemos apreciar en los evangelios, lo antecedieron la gran virtud del amor de Jesús y la disposición de actuar a favor de toda desesperada petición. En Jesús el amor antecedió al milagro, como la omnisciencia de Dios siempre antecede a su

---

[45] En Octubre del 2010, tuve la oportunidad de estar en Chile y conocer el trabajo de mi padre como capellán protestante del Hospital Regional de la ciudad de Concepción. En esa ocasión, también visité la única congregación cristiana que hace sus celebraciones en una de las salas principales del Hospital. En esa visita tuve el privilegio de exponer un tema para los diversos ministerios hospitalarios y funcionarios cristianos del hospital. Hablé sobre la *teología del amor*, como distintivo fundamental en la acción de Dios por los más vulnerables. El amor nunca es un sentimiento pasivo, estacionario o circunstancial en Dios, más bien el amor es un modo de saber, donde Dios al actuar siempre lo hace porque sabe profundamente las vivencias y las necesidades inmediatas de sus hijos.

[46] A menudo me preguntan mis estudiantes; ¿Qué quiso decir Jesús cuando al sanar decía *tu fe te ha salvado*? Sin duda, es una pregunta sumamente importante, ya que en varias ocasiones Jesús expresó estas palabras en un contexto de sanidad física. En lo personal, creo que Jesús al ver la condición desoladora de la enfermedad que padecían las personas, logra discernir las duras consecuencias emocionales y espirituales que tal condición ocasionaba. Ante esa realidad, Jesús constantemente expresaba la salvación íntegra, donde incluía la victoria sobre la desdicha, el desaliento, la depresión y toda cárcel emocional que el alma podía padecer, producto de su tormentosa enfermedad física.

omnipotencia[47]. Cuando la mujer con una insostenible enfermedad de hemorragias que padecía de años, tocó el borde del manto de Jesús, el Señor exclamó: *"...Alguien me ha tocado, porque me he dado cuenta de que de mí ha salido poder"* (Lucas 8:46, versión DHH, Dios Habla Hoy). Note que Jesús dice que virtud ha salido de él; y que mayor virtud que su gran poder impulsado espontáneamente por el amor y su disposición de sanar. No pudo haber sido de otra manera, sino desde el amor como esa fuente donde brotan todos los impulsos más notables, solidarios y poderosos de Jesús. El ejercicio del amor en Jesús fue siempre una señal de completa libertad, donde todos los actos de él conscientes o inconscientes, buscaban el fin último de bendecir al prójimo. Jesús fue un ser libre en todas las formas, maneras y situaciones, con el fin de que su amor se diera sin límites en beneficio del prójimo.

El amor y la disposición de Jesús para servir, fueron los componentes ineludibles en este despliegue de actos llenos de misericordia. El amor fue el nido de los actos justos de Jesús y la esencia maravillosa que ennobleció el ejercicio de sus dones. Jesús no ejerció ningún don sin amor, ya que el don para verse continuamente al servicio de los demás debe ser espontáneo, ampliamente generoso y sin sesgos discriminatorios[48].

Que enseñanzas más ennoblecidas nos dio Jesús sobre el amor. De él aprendimos, que esta virtud debe anteceder cualquier acto que podamos concebir hacia los demás. Incluso, el amor debe anteceder el ejercicio mismo de nuestros dones espirituales. Antes de todo, debemos siempre amar. El ejercicio de la autoridad y la disposición a servir, deben surgir desde la novedad del amor. Nada debe estar en el centro de nuestra motivación ministerial, sino sólo el amor. Si nuestro liderazgo va interpretar la vida y obra de Jesús, entonces debemos

---

47 Cuando sostengo que todo acto poderoso de Dios le antecede la omnisciencia de Dios, parto por la idea de que el poder de Dios siempre es un acto plenamente sabio y no un arrebato antojadizo de sus incontrolables poderes. Note, que en la mayoría de los relatos de los dioses griegos y romanos, dichos dioses no tienen control de sus emociones y constantemente ceden a su irracionalidad y locura. Pero el Dios de la Biblia, al demostrar su poder lo hace con el propósito de exhibir su gran sabiduría, ya que todo lo que hace, lo hace a la luz de todo el conocimiento que tiene de aquellos que esperan su acto benevolente.

48 Jesús no construyó un sentido de responsabilidad mesiánica, sólo desde algún saber intelectual. Evidentemente él caminó fielmente con las profecías mesiánicas del Antiguo Testamento, y su vida la modeló desde la sabiduría del Libro de los Salmos. Sin embargo, su misiología la consolidó más sobre una sensible praxis, y no tanto sobre alguna teoría religiosa de lo que debería ser o representar el mesías. Sin duda, en su mesianismo no había acciones carentes de cuidado e inteligencia, pero tampoco carecían de emotividad y compromiso. El ministerio de Jesús trasmitió un notable equilibrio, donde su saber era enriquecido por el conocimiento de todas las profecías mesiánicas del Antiguo Testamento, y su praxis por el amor divino que lo anidaba y se manifestaba en su diario vivir.

procurar que la mayor virtud que va a definir nuestros ministerios, sea este ennoblecido atributo.

El amor fue la virtud que direccionó el poder sobrenatural de Cristo y enriqueció el sentido propio de su existencia. Él sabía que venía de Dios y que había sido amado eternamente por él, y que desde ese amor, su vida y misión serían plenamente sustentadas, enriquecidas y direccionadas. Jesús no se veía a sí mismo como un profeta que ocasionalmente Dios le hablaba o que la presencia del Espíritu Santo esporádicamente lo visitaba. Más bien, él se veía plenamente conectado a un proyecto de amor divino, donde la misión suprema era dar a conocer la naturaleza y propósito de dicho amor.

Jesús dijo: *"...permaneced en mi amor"* (Juan 15:9-11), porque en su amor nuestra identidad y propósito ministerial están plenamente enriquecidas y empoderadas. Como líderes debemos sustentar todo en el amor de Jesús. Nuestra identidad se consolida y nuestras motivaciones ministeriales se ennoblecen, cuando todo lo que somos, tenemos y hacemos viene de la virtud mayor que es el amor. Nada debemos hacer sin antes desarrollar tal virtud.

2.3. El amor como desapropiación

Jesús no poseía nada que significara un valor intrínseco o una razón mayor que la misión encomendada por su Padre. Incluso, en el acto previo a su encarnación se despojó de todo estado de sublimidad e inefable gloria, para asumir una existencia frágil y pequeña llamada humanidad. Y en la condición humana, siguió el dinamismo de la desapropiación, con el fin de sentirse completamente libre para los necesitados y los despojados de su tiempo. Estos abandonados y desposeídos fueron una verdadera inspiración para Jesús, y sus historias de supervivencia y lucha, el contenido de su plegaria, profecía y denuncia[49].

Jesús no necesitaba poseer algo, porque el amor del Padre no sólo fue su mayor riqueza, sino la causa definitiva de todo el sentido de su

---

[49] Sólo con leer los evangelios podemos constatar que la vida en Israel durante el primer siglo, era muy difícil y en ocasiones insostenible. Por los relatos campesinos de Jesús, las metáforas de cultivo que usó en su predicación callejera y el lenguaje lleno de referencias de la vida cotidiana, nos muestran el contexto de lo que significaba sobrevivir en aquel entonces. Las familias tenían que dedicar todo su esfuerzo para producir su propio sustento. Buscaban alguna forma de aprovechar los espacios de tierra que tenían para sembrar. Si ellos no luchaban para producir, aunque sea el básico sustento, nadie más les iba ayudar. Esta tenacidad y determinación cautivó el corazón de Jesús, causando en él un compromiso total y la determinación de consumir todas sus capacidades para guiar por la senda de la verdad, de la salud y la libertad, a este pueblo marginado y sufrido.

existir terrenal. Él vivió y dio a conocer dicho amor, no sólo como la primera razón de vivir, sino como la única razón. Pero si Jesús hubiera tenido otros compromisos, tesoros que cuidar o responsabilidades sociales y religiosas, todo esto le hubiera imposibilitado llevar la misión recibida hasta la cima del deber. Sin embargo, él estaba completamente libre para entregarse día a día por el bien de los que el sistema religioso había despreciado. Esto para Jesús era el único propósito que ameritaba tal agotador peregrinaje y tan fatigosa jornada.

Jesús estaba plenamente satisfecho, completo y feliz en la misión de dar a conocer el amor del Padre. Él se desapropió con el fin de disponerse a todos los términos y responsabilidades que la misión divina demandaba. También se dispuso libre y generosamente a todas las personas que creían en él. Procuró vivir el mensaje, con el fin de no dar señales confusas de su verdadera intensión apostólica entre los necesitados. Es por eso que Jesús no podía ser servido, porque él mismo se percibió como don divino y el don tiene su razón de ser en el ejercicio de servir. Un don no es para ser contemplado sino para ser trabajado, y Cristo como regalo divino nunca se presentó como sujeto pasivo a la espera de ser contemplado, sino por el contrario, él desplegó infatigablemente acciones proféticas claras que trazaban un camino libre a la novedad del amor divino.

Una acción que no se dispone al servicio deja de ser un don, y alguien que niega darse al servicio del prójimo, deja de interpretar fielmente el modelo ministerial de Jesús. El don no es una recompensa para los más afortunados. Tampoco se da en el intercambio de regalías, ni mucho menos se obtiene por algún mérito alcanzado. El don es una virtud que se da incondicionalmente, asumiendo con alegría la total pérdida que conlleva al darse. De igual manera, Jesús al darse como don al prójimo se entregó asumiendo la total pérdida de su propia vida.

Jesús renunció a todo lo que podría de alguna manera limitarlo en su acercamiento y total identificación con el ser humano. Él renuncia no porque dicho acto significara resignarse a una idea que lo incomodaba, tampoco como una señal de ingenuidad ilusa porque no estaba consciente del peso de tal decisión. Al contrario, Jesús fue un ser plenamente consciente de lo que hacía. A la vez, estaba completamente feliz en la disposición de darse como don divino. Al renunciar a la idea de ser y manifestarse divinamente, él asume una identificación total con la naturaleza humana, entendiendo que sus vulnerabilidades y limitaciones son parte de lo que significaba ser uno más entre los humanos[50].

Sobre la renuncia o despojo, Pablo con esa virtud literaria que lo caracterizaba enseñó en su carta a la comunidad en Filipos, que el transitar del Hijo de Dios desde su estado eterno de gloria hasta el vaciamiento de sí mismo, fue para asumir completamente la naturaleza humana[51]. En esta idea el apóstol alude a la libre y soberana voluntad de despojarse de todo aquel estado excelso, con el fin de asumir no una apariencia, sino una completa naturaleza humana. A esto le llamamos encarnación, donde lo divino asumió todo lo que significa ser uno más en la humanidad. Asumió las limitaciones propias de la naturaleza corpórea. Sintió cansancio, hambre, pesar e incluso el proceso mismo de la muerte. Pero también experimentó la alegría que le producían sus amigos, y el amor de aquellos que con sincero sentir le seguían. Experimentó la penuria de la vida, pero también la esperanza resiliente. Jesús vivió intensamente la humanidad encarnada. Aun en sus luchas feroces con el tentador, las llevó al campo de la naturaleza humana, saliendo siempre como un vencedor: *"Porque lo que era imposible para la ley, por cuanto era débil por la carne, Dios, enviando a su Hijo en semejanza de carne de pecado y a causa del pecado, condenó al pecado en la carne"* (Romanos 8:3).

El amor que propuso Jesús, fue un amor que nos libera de la futilidad del egoísmo. Es tan esencial esta propuesta que, de manera directa y clara, Jesús nos invitó a negarnos a nosotros mismos como la forma más eficaz para vencer la supremacía y tiranía del yo: *"...Si alguno quiere ser discípulo mío, deberá olvidarse de sí mismo, cargar con su cruz y seguirme"* (Mateo 16:24. BLPH, Biblia La Palabra Hispanoamericana). La idea de Jesús es innovadora y transformadora. Es la novedad divina para mirarnos desde una nueva consciencia de nosotros mismos. Esto es primordial en Jesús, ya que para él la primera libertad que debemos experimentar es la libertad de aquella egolatría que nos condena y asfixia.

---

50 ¿Cómo entendemos la fragilidad humana en Jesús? Básicamente es el estado finito y susceptible propia del ser humano. Esta fragilidad fue plenamente asumida en la encarnación de Jesús. Aun así, la fragilidad no debe verse como un obstáculo en la misión de Jesús. Las limitaciones propias de la humanidad encarnada, fueron el escenario existencial que le permitió a Jesús vivir plenamente esa humanidad que deseaba redimir. Por tal razón, la fragilidad ha de apreciarse como un instrumento de la misión, y el camino idóneo para encarnar plenamente la naturaleza finita de los hombres.

51 ἑαυτὸν ἐκένωσεν *jeautón ekénosen*: a sí mismo se vació (Filipenses 2:7). No deja de ser complejo, pero a la vez bello el tema del vaciamiento. El texto es claro al señalar que Jesús en su estado pre encarnado, existe en una gloria indescriptiblemente sublime y supra trascendente. Pero al tomar forma existencialmente humana, se despoja de esa trascendencia y sublimidad para asumir un estado de total fragilidad.

Amor

No hay una religión más dañina y separatista que la adoración al yo. Es una latría y pleitesía de amor desvergonzado hacia uno mismo, donde el prójimo no tiene rostro ni mucho menos historia, ya que sólo es una sombra girando alrededor de nuestras egoístas pretensiones. Es imposible existir para los demás, cuando los demás son sólo una tenue realidad que circula alrededor de nuestros propios beneficios. Nadie se fija en los que están en las sombras, a no ser que los consideremos sólo para instrumentalizarlos de manera antojadiza[52].

El amor que Jesús invitó a vivir y que en el presente nos sigue invitando, nos mostraba de manera clara y límpida el camino de la fraternidad, donde Jesús, mi prójimo y yo, representamos una perfecta conjunción de solidaria hermandad. En esta fraternidad, mi prójimo no es un espectro ni mucho menos un personaje sin historia. Al contrario, mi prójimo tiene nombre, una historia y una dignidad inherente. Pero para vivir esto en plenitud, debo renunciar a todo aquello que me impide ver a mi prójimo desde la gracia.

Debemos desapropiarnos de todo aquello que nos impide ser comunidad con mi prójimo. No podríamos servir a los demás, si en la agenda de nuestras motivaciones está la búsqueda primera de nuestra antojadiza sed de protagonismo. No podríamos existir al servicio de otros si el amor que presumimos sólo busca lo suyo. No es fácil desapropiarnos, pero nos conviene hacerlo, ya que es en ese acto donde nuestro ser verdaderamente es libre de toda esa pesada carga de tratar de ser el centro de toda vanidad y pedantería[53].

---

[52] Instrumentalizar a las personas para buscar el beneficio propio, es una mala práctica que se deja ver en diferentes disciplinas y esferas de la vida. Podríamos pensar en las evidentes denuncias existentes en el mundo de la política, donde los políticos no sólo prometen cosas, sino que además se adjudican ser la voz de la mayoría, con el fin de obtener un beneficio electoral. No obstante, tal situación no es sólo un problema de lo político, ya que donde existe el ejercicio de ser autoridad, fácilmente se puede caer en una relación manipuladora, coercitiva y llena de insensibilidad. La relación en el liderazgo es una relación de intercambio, donde mis dirigidos me ayudan alcanzar las metas personales, corporativas o ministeriales, y por mi parte me comprometo a ser un facilitador de sus sueños.

[53] ¿Cuáles son las causas por las cuales un líder abandona la comunidad donde sirve? No cabe duda, que esta pregunta conlleva múltiples motivos y razones. Primeramente, creo que abandonar una comunidad, sea cual fuere los motivos, sin procesar de la mejor manera esta situación, siempre arrastra algunas cosas negativas. Los que deciden salirse, para buscar otros horizontes ministeriales, deben seguir procesos básicos de hermandad, respeto y amor para hacer de su salida una experiencia lo menos complicada para los pastores de dicha comunidad. Ahora, considerando las múltiples razones que determinan una salida, podríamos en primera instancia considerar la falta de oportunidades que el líder siente para desarrollarse a nivel ministerial. No estamos hablando de la oportunidad de hacer cosas, sino de ir desarrollando un perfil ministerial que lo consolide paulatinamente como un ministro en pleno ejercicio de su llamado. Algunos líderes se sienten instrumentalizados y en cierta medida limitados para desarrollar dicho perfil. Sienten que están en una constante transitoriedad de hacer cosas, pero no se ven inmersos en un plan o discipulado ministerial, donde de manera sistemática y formal, los estén formando como futuros ministros del Evangelio. Muchos de estos líderes se sienten girando sobre un mismo circuito de actividades, pero

2.4. El amor como la disposición a dejar de ser por el bien de otros

La acción del pastor al disponer libremente su vida por sus ovejas, es una de las más bellas figuras de los salmos. Esta disposición amorosa del pastor se alinea perfectamente con la esencia del Evangelio. Jesucristo murió y resucitó conforme al mensaje profético de las Sagradas Escrituras (1 Corintios 15:1-4), y es esta la más clara señal de disposición pastoral de Dios en Cristo. Por su parte en Juan 3:16, se afirma que el eje principal de la disposición divina fue el amor del Padre experimentado vivamente en su Hijo. Jesús anunció tal amor, lo interpretó en cada acción y lo trasmitió permanentemente. Dicho amor no afloró repentinamente en Jesús por las circunstancias del momento, sino que se venía anidado en él desde la eternidad. El amor es una virtud soberana donde descansó toda la novedad salvífica del Evangelio. Pero no fue la ira, la venganza ni mucho menos la incertidumbre, la motivación principal de esta maravillosa disposición, sino su amor sempiterno y sin medida. Una virtud original, pura y auténtica de la bondad divina, donde su bello mensaje se inicia con disponer la vida preciosa y eternamente amada del Hijo, por el bien y la salvación de la humanidad entera. El amor del Padre se irradió permanentemente en la vida y ministerio de Jesús, y en la escena de la cruz no finalizó dicho amor, sino que se multiplicó su belleza en todos los que serían iluminados por tal sacrificio.

Jesús es el buen pastor porque dispuso plenamente su vida por otros. En esa donación total, la muerte no es el epílogo de la historia de la salvación, sino el capítulo central. Y la resurrección el clímax de dicho capítulo. Todos los beneficios contenidos en el acto salvífico se hacen presentes en todos aquellos que creyeron y siguen creyendo en el Evangelio de Dios en Cristo. Jesús orientó todo su ser por los demás, con el fin de instaurar relaciones imperecederas en el amor, el perdón y la reconciliación para con el Padre. Dios el Padre entregó al Hijo como don perfecto, para hacer partícipe a la humanidad del mensaje divino donde el perdón, la libertad, la transformación y la salvación serían su mayor dádiva. El Hijo fue enviado como don divino a los hombres, y los hombres tomaron con desprecio dicho don, desataron su ira sobre él

---

no se desarrollan potencialmente ni tampoco se transforman en ministros. Por lo tanto, el desafío que tenemos como pastores y maestros, es el de potenciar las capacidades y desarrollar paulatinamente el perfil ministerial de aquellos que evidentemente tienen un llamado de Dios al servicio ministerial. Al que tiene un llamado pastoral, facilitemos su formación e intencionalmente formemos de manera sistemática su perfil pastoral. No hay mayor satisfacción de ver a muchos de nuestros hijos en la fe, consolidarse como ministros en la obra de Dios.

y lo quebrantaron hasta la muerte en la cruz. Tal quebranto no fue una sorpresa ni para Cristo ni para el Padre. Es por eso que no hay forma de calcular el valor preciado de la donación de Dios. Tan sólo nos queda el agradecimiento ante tal gratuidad salvífica. Nos queda la solemnidad de reconocer que Dios en Cristo hizo todo para allanar el camino e iniciar una nueva relación entre Dios y los hombres. Una relación basada en el amor, la fe y la amistad.

En la primera carta pastoral de Juan, se subraya la idea de que la disposición de la vida de Jesús es la señal del verdadero amor (1 Juan 3:16). Es por eso que vemos la disposición de la vida, no como un accidente en la agenda redentora de Dios o un plan secundario, sino como la acción resaltante y determinante de la misión de Dios en Cristo[54].

Hemos señalado que Jesús fue nuestra perfecta dádiva dado a los hombres. Como don, fue dado generosamente y puesto en perfecta horizontalidad con la cruz del calvario. La muerte de cruz fue el acto definitorio de Jesús como dadiva divina y sin vuelta atrás, porque cuando Jesús muere ya no tiene más que dar, porque en el acto de morir dio absolutamente todo.

La muerte sería el acto definitorio y amoroso de Cristo como don perfecto, pero nunca su acto final, porque al resucitar se multiplicó y se vuelve a donar al mundo a través de su amada Iglesia. Por lo tanto, Cristo es el don perfecto del Padre dado al mundo y la Iglesia el don perfecto de Cristo que también es sembrada en el mundo. Dios en Cristo amando al mundo y Cristo en la Iglesia también amando al mundo. Cristo no evitó la muerte de cruz, ya que al final representaría el momento más excelso de su servicio. Constantemente habló a sus discípulos que la muerte era un capítulo crucial en su vida y el momento decisivo en la historia misma de la salvación.

Recuerdo en mi tiempo de seminarista una excelente reflexión del profesor Tito Apestegui, sobre el compromiso que se asume ante una verdad que abraza no sólo nuestros pensamientos, sino también nuestro quehacer[55]. Tito descansó su reflexión, sobre la forma habitual en que el pastor y teólogo luterano Dietrich Bonhoeffer presentaba a Jesús[56].

---

54 Lo que más me impacta de sobremanera, es el hecho de saber que Jesús entregó su vida de manera intencional. No fue llevado contra su voluntad, sino que de manera libre puso su vida a disposición de los que procuraban su mal. En esto radica su originalidad y belleza; en saber que su sacrificio voluntario lo motivó el amor divino, y donde la apertura de salvación fue ofrecida tanto para el que lo amaba, como también para el que lo odiaba.

55 Tito Apestegui es pastor y un destacado profesor y pensador peruano. Fue facultativo en el programa de Licenciatura del SEMISUD, Seminario Ministerial Sudamericano en Quito Ecuador.

56 Dietrich Bonhoeffer fue teólogo y pastor luterano. Se transformó en uno de los líderes de los movimientos de resistencia contra el régimen nazi. Murió en 1945 en un campo de concentración, con acusaciones de haber participado en la planeación de atentados contra Hitler y su régimen. En

Bonhoeffer hablaba de Jesús como *el que existe para los demás*. Tito señaló que el Jesús que imagina Bonhoeffer tiene un claro compromiso con la verdad. Pero esa verdad no construida desde lo religioso, sino aquella que se revela desde la gracia auténtica y se anida no sólo como un saber teológico, sino también como acción misional. Una verdad donde la justicia es su principal fundamento. He Compartido desde siempre esta observancia del profesor Tito Apestegui, ya que la verdad debe asumirse como un evento crucial que al revelarse nos pone en plena convergencia con la misión de Jesús. Una misión donde no puedes subjetivar sus demandas ni tomar a medias el ejercicio de la misma. Más bien, es una misión que nos invita a comprometernos como semilla del Cristo ascendido, y donde no da lugar el compromiso temporal, ocasional o limitado, sino la alegría permanente y el ejercicio intenso de llevar a cabo lo que Jesús nos pidió hacer, tal cual el imaginaba la misión.

    La Iglesia nace de Cristo en el instante de la agonía de la cruz, siendo ese el momento más solemne de su concepción. La Iglesia tiene la naturaleza de Jesucristo, por lo tanto, tiene el mismo llamado de disponer su servicio a favor del mundo. La Iglesia no ha sido llamada a ser servida por el mundo ni mucho menos a recibir del mundo su gracia, aprobación o su beneplácito. Por el contrario, la Iglesia sabe que ha sido llamada a un mundo que la resiste y la afrenta. El cometido apostólico de la Iglesia, contiene la teología del sufrimiento de Jesús que no se empuñó a su vida ni mucho menos esperó la misericordia de los hombres. Más bien, Jesús vivió el sufrimiento como un distintivo radical de su identidad mesiánica. Jesús humildemente se desprendió de su existir, para dar lugar a la ira de los hombres que se desató extremada y descomunalmente contra él. De la misma manera, la Iglesia dispone de su vida y servicio con autonomía, siendo nosotros los líderes y ministros los que de manera ejemplar, íntegra y total, interpretamos y reproducimos la teología misional de Jesús.

    Existía hace varios años en Chile un eslogan en la Iglesia de Dios que definía la misión de sus comunidades. El eslogan decía: *Existimos para servir*. Note que no decía estamos para servirle, sino *existimos para servir*. Existir no es simplemente el hecho de disponerse parcial o temporalmente para ciertas contingencias. Existir es estar permanentemente entregado al servicio de los demás. Ciertamente este eslogan nos invitaba a interpretar de manera mucho más intencional y visible la novedad del Evangelio. Sin embargo, no es fácil existir para

---

lo personal, uno de sus libros celebres que he tenido el deleite de leer, se llama *El costo del discipulado*.

servir, ya que se debe asumir un compromiso constante donde el estándar íntegro, auténtico y excelente debe ser el carácter permanente de dicho servicio.

Creo que deberíamos evaluar la novedad existencial del Evangelio en nuestros ministerios y en nuestras propias vidas. Es evidente que algunos existen para sí mismo y para sus propios intereses. Con dicha actitud, reflejan una clara incapacidad para reproducir la novedad del Evangelio que es Cristo existiendo para los demás. De hecho, la misma palabra *ministro* denota la idea de disponerse para otros, ya que su significado es *ser siervo*. Un ministerio centrado en Cristo gira en torno al *existir para servir*. Dicha praxis teológica de Jesús, taxativamente se resume de la siguiente manera: *"Como el Hijo del Hombre no vino para ser servido, sino para servir, y para dar su vida en rescate por muchos"* (Mateo 20:28). En este verso está la suma pastoral de Jesús que debe ser comprendida e imitada con total alegría por los que hemos sido llamados a ser ministros de su grey.

3

CONSECUENTE

"Muy distinguido amigo Teófilo: En mi primer libro le escribí a usted acerca de todo lo que Jesús HIZO y ENSEÑÓ, desde el principio"
(Hechos 1:1, versión TLA Traducción en Lenguaje actual)

3.1. Jesús, un ser consecuente

Le escuché a un inspirador predicador chileno, el pastor José Figueroa[57], exponer como en el libro de los Hechos se puede apreciar en una sencilla frase la coherencia que mostraba Jesús entre su vida personal y su vida ministerial. Figueroa pone de relieve este aspecto consecuente entre lo que Jesús pudo exponer y lo que armoniosamente lo reflejó en su vivir diario. Una verdadera sintonía entre la vida íntima y la vida pública. Jesús modeló con su ejemplo el mensaje que revelaba y Lucas con el fin de resaltar esta armonía, usó las acciones verbales *"hizo y enseñó"* (1:1), con el fin de dejarnos ver la avenencia entre lo que Jesús era (existencia), hacía (vivencia) y enseñaba (mensaje). Comparto plenamente esta observancia de Figueroa, ya que Lucas fue un minucioso escritor donde la casualidad literaria no era parte de la maestría de su pluma. Por el contrario, Lucas escribe con prolijidad y con la preocupación de llevar al lector a un encuentro con un Jesús plenamente coherente. Estos detalles de Lucas vislumbran y enriquecen nuestra idea de Jesús, siendo la armonía de su ser y su quehacer ministerial una verdadera pedagogía pastoral que debe ser observada y duplicada.

---

[57] José Figueroa junto a su esposa Margarita, son pastores de la Iglesia de Dios en la ciudad El Centro, California.

Un Pastor llamado Jesús

Para Jesús era importante irradiar de manera nítida su forma de vivir, de pensar y enseñar. La concordia entre el discurso y la práctica, resultaban para Jesús en el fortalecimiento de sus vínculos emocionales con las personas, y así consolidar aún más su credibilidad. Él sabía que al mínimo acto incoherente e inconsecuente, muchos de los de la multitud lo abandonarían inmediatamente.

Los evangelios constantemente nos señalan que las multitudes seguían a Jesús. No había existido nunca una novedad tan grande, que haya provocado una embestida de corazones sedientos de una palabra expresada desde el corazón de este rabino itinerante. No importaba dejar a un lado las faenas cotidianas con el fin de encontrarse con Jesús y su mensaje. Era fácil que se corriera la voz de la próxima parada que tendría Jesús. Fuese lejano o cercano el lugar, de alguna manera llegaban, porque el atractivo de la vida de Jesús y la luz de sus palabras, hacían de esa experiencia un momento lleno de significancia. Quizás las palabras de Pedro, el pescador de Betsaida, sean la clave para entender esa sed de la buena nueva de la verdad, que el pueblo tenía y que en Jesús habían hallado la forma de saciarla: *"...¿a quién iremos? Tú tienes palabras de vida eterna."* (Juan 6:68). Las multitudes estaban necesitadas de todo bien, pero cuando se encontraban cerca de Jesús, todos sus temores y quebrantos se veían suprimidos por el mensaje de esperanza y libertad que Jesús les presentaba. Era un momento tan poderoso que la multitud se podía quedar todo el día cerca de Jesús. Estuviera él hablando o no, el pueblo se sentía tan cobijado que a veces no era necesario escuchar alguna enseñanza. Sin duda, estar cerca de Jesús significaba para todos ellos estar cerca del cielo y cerca de Dios.

Jesús fue un hombre consecuente, porque vivió intensamente lo que enseñaba y nunca hubo una dicotomía en su quehacer ministerial. No dijo, ni mucho menos enseñó lo que no vivía. Por esta razón las palabras de Jesús fueron y siguen siendo vida y verdad. Él deslumbró a sus oidores no tanto por su elevada elocución o verborrea convincente, sino más bien por la sencilla, clara y consecuente manera de plantear el mensaje. Las palabras, dichos y enseñanzas de Jesús fueron una extensión de su propia experiencia espiritual. Definitivamente el maestro Jesús no simuló el dinamismo entre mensaje y vivencia ni mucho menos fue un actor que sólo fingió vivir la fe, como si hubiera sido aprendida de un libreto. Más bien, él fue auténtico, como auténtico su mensaje e inspirador su vivir cotidiano. No hubo doblez, como para sospechar de alguna escondida intensión. Jesús fue y sigue siendo completamente confiable. Dotado de un pragmatismo auténtico, que hasta los más sencillos de su tiempo podían fácilmente verificar su bendita y real motivación. No hubo tacha alguna que pudiera justificar

Consecuente

la más mínima conjetura. La profundidad de su saber y la belleza de su ser, estimuló la suficiente confianza del pueblo que buscaba la verdad íntegra, no sólo en la letra sino también en la vida de los que interpretaban la letra. Jesús no sólo habló de la verdad y lo interpretó fielmente; el mismo fue y sigue siendo la auténtica verdad (Juan 14:6)[58].

El pueblo no había visto a un hombre tan creíble como Jesús, y que desatara un carisma tan desbordante. Multitudes le seguían por lo innovador y liberador de su mensaje, y por mostrar una vida tan auténtica y cercana. Jesús no era falso ni en lo que decía ni en la forma en que vivía. Él inspiraba tanta credibilidad y confianza que era imposible no seguirle. Es claro que ninguno de nosotros seguiríamos a alguien que su vida está separada del mensaje que presume enseñar. Uno también quiere ser enseñado con el ejemplo, y no cabe la mínima duda que Jesús es el mayor de los ejemplos y el mejor entre todas las referencias[59].

Lamentablemente hay líderes que su mensaje público es muy inspirador y direccionador, pero en su vida íntima sufren un verdadero drama lleno de contradicciones e inconsecuencias. Es incomodo darte cuenta que el líder que te inspira con sus maravillosas palabras y consejos, no vive absolutamente nada de lo que magistralmente te enseña. Pero Jesús no sufrió tal incoherencia, ya que él fue y seguirá siendo un incuestionable ícono de liderazgo inspirador. Tanto sus palabras, enseñanzas y su proceder están entretejidas en los evangelios, como testimonio de una vida entregada al servicio consecuente y magnánimo.

Jesús fue más allá del discurso esplendido y de esa homilía bien pensada, para llegar a una vivencia sincera con sus seguidores. No se quedó Jesús en la exposición, más bien trascendió el discurso, proponiendo siempre una experiencia caminante, donde las palabras y las vivencias se trenzaban en una perfecta conjunción.

---

58   En el 2013 escribí dos artículos: אמת *emet; La Verdad*, y *¿Qué es la verdad?* Básicamente en estos dos escritos hablo de Cristo, no sólo como un anunciador de la verdad, sino como su expresión viviente. Cito un párrafo del escrito אמת *emet*; La Verdad: *Jesucristo es la esencia total y plena de la verdad; Él es la verdad (Juan 14:6). Él está lleno de verdad (1:14). Provee la verdad que libera (8:32). La verdad que nos guía a todo lo auténtico (16:13). Él hace evidente la manifestación de la verdad (1 Corintios 4:2), y él mismo es su habitación (Efesios 4:21)*. Para la lectura completa del artículo: https://marcohuertav.com/2013/10/18/אמ-emet-la-verdad/

59 Recuerdo un bello mensaje que mi padre entregó en una convención de la Iglesia de Dios en el sur de Chile. Yo recién estaba saliendo de mi etapa de adolescencia y tenía una gran necesidad de consolidar mi seguimiento a Jesús. Dios uso la vida de mi propio padre para afirmar mis convicciones. En aquel mensaje él enfatizó esta idea: *Todos necesitamos seguir aquel que nos muestra las marcas del amor y del servicio, y Jesús tiene dichas marcas. El diablo no es digno de ser seguido, porque no tiene absolutamente ninguna de ellas. Pero Jesús si las tiene.* Estas palabras sencillas calaron mi corazón y en el altar comprometí mi vida al servicio de Dios.

El discurso de Jesús fue innovador por lo que dijo y por las verdades que permitió imaginar. Jesús comunicó de manera creativa el mensaje, no sólo para ser escuchado, sino también para ser vivido. Sus mensajes tenían ese atractivo que le permitía disfrutar una amplia gama de temas, perfectamente interconectados con las preocupaciones de sus oyentes. Jesús no habló para impresionar, sino para bendecir. No buscó posicionarse sobre las personas en su dolor y tragedia, sino para que las personas se posicionaran en él y en la novedad liberadora de su mensaje.

Las palabras de Jesús nunca fueron abstractas ni de esa teología ininteligible. Más bien, fueron palabras ricas en vivencias pueblerinas, de esas que salen de las esquinas de la calle y de las preguntas no litúrgicas que los olvidados del sistema del templo le hacían a Jesús. Él respondió todas las preguntas porque en ellas había una historia. Él se tomó el tiempo de escuchar, atender y responder a cada inquietud. Él sabía cuándo el pueblo preguntaba no por alguna curiosidad del momento, sino por la necesidad de saber la verdad. Ante las preguntas de la verdad, Jesús fue claro y convincente. El itinerante maestro predicó con las parábolas y también con las acciones de servicio. Predicó al exponer esplendidas enseñanzas y predicó con las acciones espontáneas llenas de misericordia y bondad. Toda su vida era una bella homilía donde la viuda, el desvalido, el leproso y la rechazada samaritana encontraban en Dios su perdón, sanidad y propósito.

Ante Jesús nos encontramos con una figura que no sólo sus palabras enseñan; también su vida misma es pedagogía. Estar al lado de él, era estar en una constante formación existencial[60]. Su espiritualidad también enseñaba, y tanto su silencio, mensaje y sus actos llenos de favor divino, representaban la didáctica liberadora del cielo. Jesús fue una persona extraordinaria, ya que su nivel de credibilidad se fue empoderando hasta ser irrebatible. Se negó desde el principio, ver al pueblo como resignados devotos del viciado sistema religioso. Por el contrario, él los miró desde la piedad que dignifica y libera. Y no sólo los miró, sino que también los invitó a caminar con él en una verdadera senda liberadora.

---

60 Hablo de formación existencial, en el sentido de que Jesús nos ha invitado desde siempre a vivir lo que él llama *la vida en abundancia* (Juan 10:10). Él nos lleva a una vida altamente productiva, iluminada y renacida, donde sus mayores virtudes son el amor, el servicio y la sabiduría. En Juan 10:10 podemos apreciar la preocupación de Jesús de no sólo hablarnos de las vivencias espirituales como experiencias significativas, sino también de las vivencias del día a día. Jesús nos quiere enseñar a vivir y disfrutar la vida abundante tanto en su espiritualidad que propone, como en la cotidianidad de sus vivencias.

3.2. Consecuente ante el elevado costo del amor

Para Jesús la muerte era ese capítulo triunfante y decisivo donde el amor del Padre daría su mejor y maravilloso mensaje. Un capítulo crucial que revelaba el costo de la obra salvífica; costo difícil de asumir por la humanidad entera. Pero Jesús, como preciosa y perfecta dádiva, pudo asumir libre y eficazmente dicho capítulo expiatorio. En esta esplendida acción, subyace la idea del amor divino como el impulso eterno y la virtud sostenedora, que permite la inquebrantable fidelidad de Cristo para llevar su apostolado hacia la cima de la redención.

Recuerdo que a mi padre le escuché, en unas de sus visitas a California, una predicación que tituló *El epílogo de la salvación*. En aquella predicación, él señaló que los eventos de la muerte y resurrección de Jesús eran la cúspide de la novedad del Evangelio y que no había otros eventos más sublimes, donde todas las bendiciones presentes y venideras podrían concebirse. Creo firmemente en lo que mi padre llamaba *el epílogo de la salvación* y en el costo que Jesucristo asume, para llevar la novedad del Evangelio a su nivel operacional más sublime y eficaz. La muerte reveló al Padre como el amoroso dador y al Hijo como la perfecta ofrenda. Pero la perfecta ofrenda no murió de manera definitoria, sino que al tercer día resucitó para que la historia de la salvación alcanzara esa cima donde todo se consume. El amor del ofrendante, al ver que todo ha sido consumido, abre la apertura permanente a las dulces consecuencias del perdón, liberación y salvación.

Cuando Jesús ofreció su vida en la cruz, ya no tenía más que dar, porque su vida dada en sacrificio era el fin de su existencia entre los hombres. Pero también, era el inicio de la vida redimida para los que habían de ser los beneficiados con dicho sacrificio. Juan señaló que la vida redimida y renacida, nace de la finalización de otra vida que se sacrifica y muere: *"De cierto, de cierto os digo, que si el grano de trigo no cae en la tierra y muere, queda solo; pero si muere, lleva mucho fruto"* (Juan 12:24). Note la idea de Juan al decir que *si el grano de trigo no cae* (muere) *queda solo; pero si muere, lleva fruto*. En esta bella metáfora, nos encontramos ante una realidad poderosa que enriquece nuestro saber sobre la muerte de Jesús. Él debía morir para anidarse en todos aquellos que seríamos su fruto perenne. Murió Jesús a su existencia singular, para existir en todos como don perfecto. Pero también resucitó para formar una comunidad eterna, donde él se constituye en cabeza y su iglesia en su verdadero cuerpo.

Por lo tanto, Jesús sabía muy bien que su muerte no era la finalización de su existir, sino el inicio de una nueva realidad existencial, donde sus discípulos ya no serían 12 o 70 sino millones. Él sabía de la promesa de su propia resurrección declarada en el salmo de David: *"Porque no dejarás mi alma en el Seol, ni permitirás que tu santo vea corrupción"* (Salmo 16:10). Además, entendía que al morir y resucitar su ser se haría perpetuo en la vida de todos sus seguidores que creerían en su vida y mensaje. Lo que asumió Jesús de manera consecuente y total fue un costo invaluable. Una operación salvífica que debía ser así por lo sublime y alto de su eficacia. Tan alto que todos los hombres y mujeres en todas las épocas, nunca verían otro sacrificio similar que llevara tanta causa gloriosa.

Jesús muere y resucita para provecho de toda la humanidad, y en esta acción inmolada, no se plantea como causa una culpa moral ni mucho menos un conflicto religioso. Más bien, en la base de esta historia está la separación del género humano hacia todo favor divino. Todos estábamos *destituidos de la gloria de Dios* (Romanos 3:23)[61]. La total separación constituía un problema mucho más profundo, ya que en este alejamiento toda esperanza de redención se veía ensombrecida e incluso imposible de ser concebida. La humanidad estaba sin la esperanza de encaminarse hacia la libertad y a las posibilidades de sobrellevar las cargas y las consecuencias de su propio pecado. Pero es el evento de la cruz y la tumba vacía, el inicio de la restauración de tal desdicha: *"(22) Mas ahora que habéis sido libertados del pecado y hechos siervos de Dios, tenéis por vuestro fruto la santificación, y como fin, la vida eterna. (23) Porque la paga del pecado es muerte, mas la dádiva de Dios es vida eterna en Cristo Jesús Señor nuestro"* (Romanos 6:22-23).

En este paisaje salvífico, el amor tiene que tener el acto final de la muerte, porque el amor es un don que ha sido ofrecido. Pero si el amor no es entregado, no puede ser don divino ni mucho menos un don que afecte a los hombres en cualquier lugar, circunstancias y tiempo. Pero el amor de Cristo trascendió y nos alcanzó como una operación creativa y original, dejándonos en plena amistad y paz para con el Padre celestial. De estos énfasis, entendemos que la muerte es consecuente

---

61 Hace unos años escribí junto a mi hermano Israel, un estudio sobre el significado de la gloria de Dios en la adoración. Uno de los tópicos que desarrollamos, fue justamente hablar de este interesante texto (Romanos 3:23). Iniciamos su análisis con la siguiente pregunta: ¿Qué contenidos de la gloria de Dios estábamos destituidos? Básicamente centramos la respuesta en tres conclusiones: (1) Estamos destituidos de la posibilidad de conocer su amoroso ser. (2) Destituidos de la belleza de sus atributos que permiten consolidar una relación cercana llena de amistad y paz. (3) Estábamos lejos de sus pensamientos, voluntad y todo plan perfecto. Es por eso, que en la adoración nos sentimos completamente cercanos y aceptados. Donde su gloria, ya no más distante, es una realidad íntimamente cercana y que produce el deleite de sentir su amorosa presencia llena de amistad y paz. Donde en cada momento de la adoración, somos encaminados hacia su corazón, resultando todo esto en una experiencia vivificante, rebosante y llena de sentido.

Consecuente

con el amor, porque para que el amor trascienda a todos los hombres y mujeres en todas las épocas y nos acerque al Padre, dicho amor como don perfecto debe morir.

¿Qué virtudes de la vida de Jesús podemos encarnar? ¿Qué capítulos de su existir, como líderes y ministros asumimos imitar? Si hablamos de ser ministros o líderes centrados en Cristo, entonces debemos evaluar de qué manera estamos entendiendo y asumiendo tal identidad. Definitivamente centrar nuestra vida y nuestro ministerio en Jesús, suena fácil de agendar, pero en realidad no lo es. Identificarnos con Jesús demanda una serie de realidades que debemos asumir[62]. Si realmente queremos servir en el modelo de él, ya deberíamos estar planificando seriamente el servicio fúnebre de nuestra vana egolatría.

Jesús fue un don de Dios, y todo lo que él era y hacía entre los hombres, tenía un gran propósito divino elevado y puro. Jesús no improvisó ni se reinventó de acuerdo a lo que circulaba a su derredor. Por supuesto que fue sensible a su entorno, como también fue sensible y responsable con la misión encomendada por el Padre. Jesús tuvo una gran flexibilidad para afrontar las diferentes contingencias que se le presentaban diariamente. Sin embargo, él estuvo siempre enfocado no al grado de mantener una rigidez que le impidiera la espontaneidad solidaria. También estuvo finamente encauzado para saber cuándo debía responder con autoridad y potencia en circunstancias específicas. Jesús tenía una notable destreza intelectual y emocional para reconocer los altos que debía hacer, con el fin de disponerse a lidiar y resolver algunas crisis inmediatas. También se dio el tiempo de responder las preguntas solapadas de los religiosos, y aunque podía ignorarlas e incluso exponer el verdadero motivo de la pregunta, sin embargo, las atendió como señal clara de su calidad humana, fineza intelectual y profunda espiritualidad.

Seguir a Jesús era una de las experiencias más significativas que las personas podían experimentar. Jesús invitaba a todos a seguirle, aunque con invitación o no, las multitudes siempre dirigían sus pasos tras él. En ese seguimiento, las enseñanzas de Jesús iban fluyendo como pedagogía caminante. Era una jornada de aprendizaje constante, donde no sólo aprendían de sus palabras, sino también de sus imágenes vívidas y llenas

---

62 En algunas conferencias que he dado sobre liderazgo, le he pedido a los participantes hacer una lista de las virtudes ministeriales, que desde su mirada personal, serían las más sobresalientes en Jesús. Una vez hecho la lista, los invito a evaluar su propia experiencia ministerial a la luz de dichas virtudes. La finalidad de esta dinámica, es el de examinar que tan cercano estamos del perfil ministerial de Jesús. Este sencillo ejercicio ha sido muy productivo, porque entrega una idea muy clara de Jesús en el arte de dirigir, y a la vez, nos permite crear un ideario de las principales virtudes que debemos desarrollar en nuestras propias vidas, si tenemos en mente emular la calidad ministerial de Jesús.

de misericordia que él con generoso desplante las lucía. Jesús hablaba con las acciones, con su mirada y con sus palabras. El abrazo decía miles de palabras y en su silencio había también voz divina. Fue así, que en el evento de la cruz y en su resurrección ya no hay más que decir, porque en su muerte y resurrección ya su amor lo había dicho todo.

Los discípulos aprendieron de lo que oían y observaban del proceder amoroso de Jesús. Los discípulos se fueron formando a la manera de él. Una educación de palabras, acciones e imágenes llenas de solidaridad, empatía y esperanza. Es en esa pedagogía de Jesús donde no sólo se va aprendiendo de él, sino también se va asimilando su vida misma[63]. Los discípulos entendieron que su experiencia con Jesús era más que un llamado a seguirle. Ir tras Jesús, era asumir el llamado a ser un don en Cristo con el fin de ser sembrado como él en el mundo. Así como el Padre había dado a Cristo como don a la humanidad entera; ahora sus discípulos, son enviados también como preciosa ofrenda al mundo. Esto significa que ellos también serían llamados a asumir el costo sacrificial del capítulo magistral de la historia de la salvación. Los discípulos abrazaron consecuentemente el elevado costo del amor, disponiéndose a la manera de Jesús en el ministerio, aun cuando esto les significó la misma muerte. Costo que todos ellos lo asumieron con gozo, tenacidad y total valentía[64].

Sin duda, que este nivel de discipulado y compromiso ministerial en el modelo de Jesús nos interpela. Al acercarnos a este modelo, no podemos ignorar que ha este nivel Jesús imagina a sus ministros. Primeramente, entendamos que somos más que una asignación ministerial. Como Cristo, que era más que un maestro inspirado o un profeta poderoso, nosotros hombres y mujeres de Dios somos un don y una semilla en él que debe ser sembrada en beneficio de los demás. No somos llamados a morir literalmente en una cruz o inmolarnos físicamente. La idea de morir, es renunciar a una vida centrada egoístamente en el bien personal, impostora de lo justo y que es incapaz

---

[63] Uno de los espacios idóneos que podemos consolidar para aprender más sobre la vida de Jesús, es el discipulado. Pensar en un discipulado bíblico en el modelo de Jesús, requerirá entender la naturaleza y el contenido mismo de dicho discipulado, ya que a menudo se le asocia con ocasionales programas de estudio bíblico o unas cuantas sesiones semanales de consejería. El discipulado es un compromiso vivencial, donde se sigue la vida y las enseñanzas de Jesús, reflejadas en la vida de un discipulador, quien tiene el compromiso de llevarnos progresivamente a una identificación total con Cristo y su mensaje. Jesús mostró el misterio del Padre y modelo su mensaje en su vida misma. De la misma forma los discipuladores del presente, debemos mostrar el misterio del Cristo ascendido y su poderoso Evangelio en nuestras propias vidas. El que asume la bella labor de discipular, asume el llamado de imitar a Jesús en todo lo que debe ser imitado.

[64] Todos los discípulos de Jesús, a excepción de Juan el discípulo amado, sufrieron el martirio más cruel. Mostrando en su sacrificio, que Jesús y su Evangelio eran el mayor sentido de la vida y la razón única para estimar la misma muerte como bella ofrenda.

de poner al prójimo en el centro de su quehacer pastoral. Morir como don en Cristo, es poner a disposición todos nuestros talentos naturales, conocimiento y dones espirituales para servir a los demás. Este nivel de servicio donde existimos para servir, es un verdadero morir al individualismo y a toda egolatría inepta que nos podría dejar nulos a la hora de fructificar en acciones llenas de amor, dignidad y solidaridad[65].

3.3. Jesús no es como el frívolo asalariado

La historia del asalariado frívolo e inconsecuente, lo relató el mismo Jesús en la parábola del redil y el buen pastor (Juan 10:1-16). En esta singular parábola aldeana y pastoril, Jesús hace el contraste entre la naturaleza de su quehacer ministerial con el evidente descaro de un asalariado. El asalariado siempre limita su trabajo y su compromiso como cuidador, porque es un desvergonzado convenenciero. Tiene amor por los números y lo que aparentemente cuida, lo cuida sólo si sus intereses personales se ven favorecidos. Pero ante el mínimo riesgo o perdida de sus usuras, es capaz de abandonarlo todo para proteger su miserable migaja.

Jesús para hacer notorio y evidente las diferencias con el asalariado, habló del costo del amor que el asalariado es incapaz de asumir. El costo del amor es la muerte y Jesús señaló que él no sólo era capaz de morir, sino que evidentemente lo hará: *"Yo soy el buen pastor; el buen pastor su vida da por las ovejas"* (Juan 10:11). Pero el asalariado que no ama, le es imposible incluso considerar este acto (v. 12 y 13). Él como es irresponsable, no morirá por las ovejas porque no las considera suyas, y como no están en su corazón, sencillamente no le interesa ni en lo más mínimo su bienestar.

El asalariado frívolo puede imitar en todo a Jesús, menos el acto de morir por otros. Es capaz de fingir y crear todo un altruismo alrededor de su imagen. Puede dar un buen consejo, dar cálidas palmadas en la espalda e incluso expresar algo de simpatía, pero al mínimo llamado de disponer su vida, pondrá en primera prioridad sus propios intereses y terminará abandonándote.

El asalariado no viene del padre, porque no conoce su amor. Esto significa que no conoce el misterio del Evangelio. Es más, no pertenece

---

65 Recuerdo un bello cántico que a menudo entonábamos como señal de total rendición a Cristo y su voluntad de servirle. Su letra sencilla y significativa, representaba una verdadera teología de la entrega: *"Yo quiero ser como tú, yo quiero ser un vaso de tu amor, yo quiero ser como tu"* (autor Marcos Witt). El canto resalta el amor como el mayor de los distintivos en Jesús, y donde están contenidas todas las virtudes de él. Ser un vaso de su amor, es ser un vaso donde todas las virtudes de la preciosa vida de Jesús puedan ser irradiadas.

a Cristo, ya que su quehacer no lo mueve ni en lo más mínimo el amor. El asalariado de esta parábola finge amar y aunque las funciones y labores propias de trajín pastoril son bien entendidas y asumidas por él, sin embargo, la naturaleza de sus motivaciones no corresponde al del *buen pastor que su vida da por sus ovejas*. Definitivamente ser un pastor como Jesús, no es sólo cuestión de habilidades y retórica; también es una naturaleza asumida y perfectamente alineada a la esencia del pastor Jesucristo que *su vida da por las ovejas*. Todos los ministros hombres y mujeres que hemos recibido el llamado ministerial, asumimos que ser pastor como Jesús no es sólo ser un dotado predicador, eficaz administrador y hábil consejero; también significa ser un sensible guía, humilde facilitador, comprensivo maestro y tierno cuidador.

El problema del asalariado no es en sí su salario, ya que el obrero es digno de su estipendio. El problema está en la esencia de sus motivaciones, que son definitivamente mezquinas y aprovechadoras. Él no tiene el Espíritu de Cristo, porque no ve la vida de las ovejas como preciosas, de lo contrario no las abandonaría. Su corazón no es con las ovejas, ya que no las mira como su tesoro (Mateo 6:21). Su tesoro es su propia imagen, la búsqueda de su propio éxitoególatra, sus propios beneficios y el de satisfacer su vana pedantería. En eso está su tesoro y en eso está su cepo.

Abandonar no es solamente dejar la obra; también es descuidar mi disposición para trabajar en beneficio de los demás. Abandonar es no asumir el servicio amoroso, donde ver al prójimo como superior a uno mismo es el mayor distintivo divino. Abandonar es tergiversar la praxis de Jesús y buscar primordialmente el logro de mis intereses personales. No amar la grey como el Señor las ama, es abandonar nuestra vocación pastoral centrada en Cristo. Es imposible no ver la trágica comedia de algunos que, aun teniendo congregación y púlpito para predicar, hace mucho tiempo que abandonaron en su corazón las ovejas del Señor.

La obra es de Cristo y si tenemos el privilegio de servir en su obra, lo debemos hacer a la manera del Señor de la obra. La Iglesia es de Cristo, no porque haya sido obsequiada y puesta sobre él. Más bien, es de Cristo porque ha salido de él mismo. No le fue presentada, sino que fue concebida en él. Hay una diferencia cualitativa entre aquello que le obsequian a Cristo para que este a su lado y aquello que el mismo concibe. Cristo está en el centro mismo del corazón de la Iglesia para amarla y edificarla. La edifica a través de sus ministros que él mismo llama y empodera. La Iglesia como realidad concebida y nacida de Cristo mismo, es edificada para vivir de acuerdo a Cristo y su mensaje. De Dios es el crecimiento de la Iglesia que ha nacido de él (1 Corintios

Consecuente

3:6-9), pero de nosotros los ministros es la responsabilidad de cuidar y perfeccionar dicho crecimiento (Efesios 4:12).

Pedro presenta un notable consejo pastoral, teniendo sin duda presente la parábola de Jesús sobre el asalariado: *"Cuiden como pastores el rebaño de Dios que está a su cargo, no por obligación ni por ambición de dinero, sino con afán de servir, como Dios quiere"* (1 Pedro 5:2, versión NVI Nueva Versión Internacional). Note el detalle del consejo de Pedro al decirnos que debemos servir *como Dios quiere*. Pero para servir a la manera de Dios, debemos ser inspirados por el Espíritu Santo. La Iglesia ha nacido sobrenaturalmente de Cristo; por lo tanto, el ejercicio de su liderazgo y ministerio debe ser también sobrenaturalmente equipado por el Espíritu Santo[66].

Cristo nos presenta en la parábola un asalariado que desconoce toda la realidad de las ovejas. Desconoce cómo deben ser debidamente cuidadas y celosamente protegidas. Desconoce la identidad de las ovejas e incluso desconoce al dueño de ellas. Probablemente desconoce el porqué las está cuidando y los planes que el dueño tiene para cada una de ellas. Pensando en lo que probablemente Jesús nos quiso mostrar en esta historia, podemos dilucidar que un ministro que no ama como Cristo ama, está evidenciando como el asalariado de esta parábola, un falso conocimiento de la grey del Señor. Tal ministro desconoce la verdad de Dios para cada creyente, y es muy probable que sus motivaciones para con dichos discípulos son falsas. No conoce en realidad a las personas que dice servir ni tampoco le interesa conocerlas. Mantiene un fingido amor hacia el prójimo, como señal de un falso conocimiento de la obra de Dios y un falso llamado a servirles.

Jesús amó como el Padre ha amado eternamente la humanidad. Él tenía un auténtico llamado y un verdadero, amplio y profundo conocimiento de su pueblo, y una notable disposición para dar incluso su propia vida por ellos. Este es el nivel de amor que como ministros y líderes debemos aspirar. Este nivel de amor, es el que da testimonio de nuestra verdadera identificación con el liderazgo de Jesús. El amor nos llevará a tener una mayor sensibilidad para conocer, por medio del Espíritu Santo, el cómo cuidar y edificar la comunidad de fe. El amor nos llevará a conocer al otro, saber quién es y saber cuáles son los planes de Dios para cada uno de ellos.

---

[66] Le escuché a mi padre decir en una predicación lo siguiente: *"La razón por la cual los ministerios existen, es para reproducir la presencia pastoral de Jesús en la Iglesia y de esa manera garantizar su sano crecimiento"*. La anoté en mi agenda personal y a menudo la cito, ya que refleja perfectamente el sentido supremo de lo que significa ser un ministro inspirado por el Espíritu Santo, y que procura reproducir el carácter pastoral de Jesús. Cuanto bien le haría algunos, volver a encontrarse con las ideas correctas del ministerio, y de paso, deconstruir esos rostros ególatras que para nada reflejan el rostro ministerial de Jesús.

El Padre ama la Iglesia, porque ha sido concebida por su Hijo Jesucristo. Por lo tanto, soy empoderado como ministro en su amor para amar su obra a la manera que Jesús y el Padre la aman. El amor es un distintivo evidente, que respalda la idea de que hemos sido llamados verdaderamente por Dios para servir en su obra. El Espíritu Santo inspira nuestra filosofía del ministerio, ya que sólo él sabe cómo la obra de Cristo debe ser conducida. Nuestros ministerios, deben ser inspirados por la maravillosa sabiduría rebosante y vivificante del Espíritu Santo. Nuestro quehacer ministerial, debe ser plenamente enriquecido por el conocimiento que el Espíritu Santo nos puede dar sobre Dios y su bella voluntad (1 Corintios 2:10). El Espíritu Santo enriquece nuestro conocimiento en el arte del cuidado y del acompañamiento ministerial. Él nos enseña cómo debe ser atendida la comunidad de fe. Nos da a conocer la vida de los discípulos, sus necesidades y los planes que hay de parte de Dios para cada uno de ellos. El Espíritu Santo nos provee sabiduría y nos empodera, para que nuestros ministerios sean dotados de toda virtud idónea para liderar eficazmente.

Nos hallamos no sólo empoderados, sino también enriquecidos en el conocimiento de Dios y su obra. Sin duda, una perfecta operación trinitaria en la vida de los que hemos sido llamados por Cristo para bendecir, dirigir y equipar a hermanos y hermanas en la fe[67].

3.4. Pan de vida: la belleza del ser consecuente de Jesús

Una de las notables y bellas metáforas que Jesús usó, y que fácilmente fue comprendida por todos los que la oyeron, fue la metáfora del pan de vida (Juan 6:35-59). Probablemente la curiosidad que desató esta enseñanza, predispuso a los oyentes a una total atención y a una debida comprensión. Los que escucharon la ilustración sabían lo que representaba el pan tanto como alimento básico y cotidiano, como también en su simbología histórica. El pan en cualquiera de sus formas representaba la bondad de Dios. El pan de ácimo presente en la cena

---

67 En mis clases de Liderazgo, enfatizo la importancia del Espíritu Santo en el equipamiento y empoderamiento público de cada líder y ministro, como también en el desarrollo saludable de su entorno más íntimo. El Espíritu Santo fortalece el sentido ministerial de nuestro llamado y nos equipa sobrenaturalmente para el ejercicio eficaz del mismo. Nos provee conocimiento de su obra, y nos da mayor luz sobre los diversos desafíos que se nos presentarán en el camino. No solamente facilita algún poder o destreza sobrenatural, también entrega sabiduría, el entusiasmo debido y una fortalecida paciencia para ejercer el ministerio con las mejores herramientas. El Espíritu Santo trabaja a nivel de la sobrenaturalidad, como también en el desarrollo de habilidades naturales. Hace presente los carismas, y también potencia nuestros talentos y capacidades adquiridas a través del aprendizaje y la experiencia. Recordemos que sin el equipamiento del Espíritu Santo es imposible desarrollar la obra de Dios.

Consecuente

Pascual, era símbolo de la providencia histórica de Dios experimentada en el cruce del desierto. El pan de cebada, siempre presente en la cotidianidad de las familias más pobres, era consumido siempre con el cuidado de reconocer que toda bondad y abastecimiento viene de Dios. El pan de trigo, una degustación sólo para las familias más adineradas de Israel, evidenciaba la desigualdad que existía en aquella antigua sociedad judía.

Jesús utilizó la imagen del pan porque desde su degustación diaria hasta su simbología histórica, encerraba tantas pinceladas pedagógicas fácilmente aplicables a su vida y misión. Jesús no se mostró como una figura intermitente, sino como un peregrino cercano y siempre dispuesto a servir a los más necesitados en cualquier momento y lugar. Jesús vio en el pan la humildad, cotidianidad y providencia divina, algo que para él era menester irradiar y consolidar en el corazón de aquellos que iban creyendo en su mensaje.

Sin duda el pan de ácimo sin levadura tenía una alta significancia conmemorativa. Representaba solemnidad y remembranza, porque conmemoraba el sustento histórico del pueblo peregrino que, durante la salida de Egipto, y en toda la peregrinación en el desierto no murió de hambre. Su alto carácter simbólico consolidaba la señal de la providencia presente, como también la providencia histórica[68]. Jesús sabía como buen rabino, el valor inmediato como histórico que contenía la figura del pan sin levadura. Es por eso que en la última cena hace descansar toda la revelación de su cuerpo sobre esta bella figura. En aquella noche pascual, el pan fue partido y consumido completamente, y el vino degustado por todos. Estos elementos fueron figuras de lo que vendría días después; Jesús partido en el calvario y su sangre vertida para el perdón, la liberación y el gozo de todos los que creerían en el Evangelio.

Por su parte, el pan de cebada era un alimento básico e infaltable. Podía faltarle a los pobres cualquier otro alimento, pero nunca el pan de cebada porque era la base de su sustento. Nuevamente nos encontramos con una figura que interpretó perfectamente a Jesús. Como señalé anteriormente, el pan de cebada como señal de humildad, cotidianidad y providencia divina, Jesús la usó para mostrar un modelo ministerial basado en la humildad, en la disposición permanente y en el

---

68 Recordemos que en la Cena de la Pascua donde participa Jesús y los discípulos, está presente el pan. El pan debía ser sin levadura porque se recordaba que en la mañana del éxodo los judíos salieron tan abruptamente de Egipto que no tuvieron ni el tiempo de leudar la masa, y prácticamente lo iban comiendo en el camino: *"Y cocieron tortas sin levaduras de la masa que habían sacado de Egipto, pues no había leudado, porque al echarlos fuera los egipcios, no habían tenido tiempo ni para prepararse comida"* (Éxodo 12:39).

compromiso de mostrar siempre en cada acto la bondad divina. Jesús no tiene ni la necesidad, ni mucho menos la preocupación de consolidar su propia imagen. Así como el pan de cebada provocaba agradecimiento y devoción a Dios, así mismo Jesús quiere que los hombres glorifiquen al Padre. El pan de cebada no ha venido por sí solo, sino que ha sido provisto por Dios. De la misma forma, Jesús como pan cotidiano ha sido enviado por el Padre como regalo y sustento para la humanidad entera.

En el texto de Juan 6, se menciona el maná que también es figura de la providencia de Dios en el desierto (verso 49). Jesús se refiere al maná como un sustento temporal, pero cuando se refiere a sí mismo como pan del cielo, se muestra como un sustento superior y eterno. Él se presenta mejor que el maná porque su origen es divino y en la plenitud de su ser está contenida toda la bondad de Dios. Esta novedad de la plenitud de Dios en Jesús, hace que todo lo que él muestra, hace y anuncia tiene un efecto significativo, permanente y definitorio.

Jesús fue un don para los hombres y en todo lo que él dijo e hizo, estaban presentes las promesas como garantías de que verdaderamente era un don del cielo. En Jesús estaba el don del perdón, de la libertad y del gozo, como realidades permanentes y absolutas. Por lo tanto, no hay necesidad de una ración adicional, ya que Jesús es suficiente: *"Yo soy el pan vivo que descendió del cielo; si alguno comiere de este pan, vivirá para siempre; y el pan que yo daré es mi carne, la cual yo daré por la vida del mundo"* (Juan 6:51). En Jesús también se hacen presentes todas las bendiciones amorosas del Padre, para darle sentido eterno a la vida de todos los que hemos decidido abandonarnos en su amor. En Dios estamos completos, llenos y saciados, y en esta novedad vivencial se ha convertido la incapacidad en fe, lo incierto en esperanza y el miedo en amor (1 Corintios 13:13). Esto es una llenura que no provoca molestia ni pesadez, sino la alegría de la salud divina donde todos los males provocados por la vida alejada de su amor, son cambiadas por paz, justicia y esperanza.

Jesús es el don que anunció tanto la esperanza venidera, como la ya presente y manifestada entre los hombres. Una esperanza que permitía vivir en pleno sentido existencial lleno de dignidad y paz, disfrutando el estado de ser plenamente hijo de Dios. Esta esperanza vista como una realidad inmediata, surgió de la misma metáfora, ya que las promesas de Dios contenidas en la esperanza son cotidianas, como cotidiano es el pan que se disfruta diariamente. El pan no es como el banquete de fin de semana que se agenda y se planifica ocasionalmente. El pan por su elaboración sencilla y básica, es de planificación casual y de presencia permanente en la mesa de los humildes hogares. Sin duda, una perfecta metáfora para hablar de la presencia y mensaje de Jesús como

Consecuente

experiencia humilde, que tienen la finalidad de transformar nuestra vida y encaminarnos hacia nuestra gran realización y propósito[69].

Al reflexionar sobre Cristo como don divino, no dejo de pensar en el bello himno testimoniado en una carta que dedica Pablo a los hermanos de Filipo (Filipenses 2:5-11). La narración de este himno revela que Cristo desde su misterio junto al Padre ya había sido destinado como don. Esto significa que Jesús siempre estuvo consciente de su llamado y de la manera que sería presentado al mundo como el pan de cielo partido en la cruz del calvario.

Jesús tenía una vida consecuente, ya que constantemente se estaba donando a los demás. Era congruente con lo que era y decía, y todo giraba alrededor de la misión encomendada por el Padre. Era consecuente con la comprensión que tenía de su apostolado, y nada hacía que no reflejará o interpretará tal idea de sí mismo. Jesús no abandonó este sentido como para buscar su propia ganancia. No renunció a su identidad como don, de lo contrario hubiéramos tenido ante nosotros a un diestro impostor. Pero no fue así, porque él era y es el verdadero don humilde dado a los hombres. Un don donde la plenitud de la deidad habitó para ser el verdadero *Emanuel*; *Dios entre los hombres* (Isaías 7:14 y Mateo 1:23)

En nuestro seguimiento a Jesús, se nos presenta el compromiso de ser consecuentes primeramente con nuestra propia identidad como don. No soy llamado necesariamente a ser fiel a un ministerio en particular, más bien soy llamado a ser fiel a mi identidad como don en Cristo para los hombres. Sin duda, que en este llamado está contenido mi fidelidad a mi quehacer ministerial. Pero si deseamos llevar el ejercicio del ministerio a su nivel más productivo, debemos desarrollar una clara consciencia de nuestra identidad como regalo humilde de Cristo para los demás. Jesús nos dona en el mundo para ser siervos humildes entre los hombres.

La belleza del ser consecuente de Jesús, se deja ver en el compromiso invariable que tenía con su llamado. Él nunca dejó de verse

---

[69] Creo que el punto principal de esta parábola, es que Cristo se ha manifestado como don del cielo. Un don libre, comprensible y accesible, donde sus palabras contenían los ingredientes perfectos para la total libertad de todos los hombres y mujeres. También el reino con todo el esplendor y la belleza que lo sostiene, adquiere en esta parábola una realidad de sencillez, acceso y comunión, donde su mayor potencia es el amor y su mayor milagro es su presencia transformadora en el corazón de cada discípulo. Jesús nunca complicó las cosas, más bien fue un gran facilitador de los procesos. Nunca puso trabas en el camino ministerial de sus discípulos ni jugo con los sentimientos de ellos. Jamás los instrumentalizó para sacar provecho de sus capacidades y buena voluntad. Jesús fue un hermano menor para ellos y todo su esfuerzo fue para educarlos en la visión del reino, equiparlos sobrenaturalmente y potenciar sus talentos y capacidades.

como don humilde y cercano al prójimo, y aunque en Getsemaní se vio su humanidad quebrantada, aun así, se aferró al Padre para completar el acto más difícil y definitorio. Ni en la tortura ni en el momento de la crucifixión, Jesús abandonó su llamado a ser el don de Dios para los hombres. El sufrimiento era inimaginable, sin embargo, Jesús logra llevar su vida abrumada por el vendaval de injurias y el dolor mismo de la tortura, hasta el final con total valor y dignidad. Y en esa sinfonía de agonía tormentosa, impulsó sus últimas fuerzas para sellar en palabras el momento glorioso de la donación final: *"...consumado es..."* (Juan 19:30). Jesús llegó al momento crucial no porque estaba aferrado a su propia vida, sino porque estaba aferrado al Padre y al gran propósito que se le había encomendado. Y así como el pan era alzado y partido como alimento cotidiano, Jesús fue alzado y lastimado hasta la muerte, y presentado como alimento para la saciedad y salvación de toda la humanidad[70].

Como ya lo he expuesto anteriormente, al morir Jesús en la cruz del calvario ya no tuvo más que ofrecer, porque en la muerte lo dio todo. Sin embargo, al tercer día resucitó para habitar en todos los que seríamos su fruto. Hombres, mujeres, niños y ancianos; todos como íntegra y completa porción del Cristo ascendido. Hallándonos en él como su don, con el fin de continuar el dinamismo de su legado misional entre los hombres. Ahora nosotros somos el pan del Cristo ascendido, dispuesto a ser partido entre los hombres, para que vean en nosotros la belleza de Jesús y la eficacia transformadora de su mensaje.

---

[70] Se ha pensado mucho sobre la muerte de Jesús. Las reflexiones van desde la solemnidad religiosa, hasta las posiciones más críticas y racionalistas. Pero cualquiera que sea la posición, la mayoría coincide en que los relatos de los evangelios son una fiel referencia histórica sobre la agonía y muerte de Jesús. Ante el caudal de información, nadie se atrevería negar la historicidad de su muerte. Como tampoco, nadie podría ensombrecer la idea de que Jesús muere con la plena certeza de que su sacrificio tiene un propósito, y un claro beneficio para los demás. Es por eso que Jesús al morir no está aferrado a la vida, sino al gran propósito que lo llevó a la cruz.

4

LONGANIMIDAD

"Y Jesús decía: Padre, PERDÓNALOS, porque no saben lo que hacen"
(Lucas 23:34)

4.1. La virtud más fascinante en Cristo

La longanimidad la concibo como una de las virtudes más fascinantes en Cristo. Es una virtud muy enriquecida, ya que al definirla debes considerar otras bondades y matices que la engalanan. Virtudes como la perseverancia, constancia y la paciencia; también la inquebrantable voluntad, el temple, el amor y la maravillosa benignidad son entre otras, ese mar de cualidades que sazonan la longanimidad. Básicamente podemos definir la longanimidad como el temple de una persona, donde nada ni nadie podría afectar su sentido de ser y la motivación principal de lo que hace. Su temperamento, el ejercicio mismo de su personalidad y el enfoque de su voluntad, los mantiene en un saludable equilibrio, aun cuando las circunstancias adversas en su entorno puedan verse terriblemente desfavorables.

Esta virtud la imagino como el amor de una madre o un padre hacia sus hijos, especialmente cuando el hijo se da cuenta que no podría hacer nada para que el amor de sus padres para con él se debilite, se condicione o sufra el más mínimo cambio. Como todo padre amo a mis hijos y ellos no pueden hacer nada para que mi amor experimente algún vaivén. Independientemente a su actuar; su mamá y yo los amamos igual y de manera inmensurable[71]. Ahora, Jesús siempre ha tenido una responsabilidad inalterable con los suyos. Un compromiso donde su incondicionalidad no es lo único que fascina, sino también lo perenne de esta realidad. La longanimidad en Jesús, al verse donada incondicional y permanentemente hacia los demás, es señal que dicha virtud a alcanzado su máxima belleza y expresión. La longanimidad en él se vio especialmente en el compromiso de asumir una fidelidad indeleble para con sus discípulos, independientemente de la actitud de ellos. Sobrellevó sus equivocaciones y fue paciente para lidiar con sus arrebatos y falta de madurez que tenían para recibir incluso las más básicas instrucciones y encomiendas. Siguió invirtiendo en ellos, a pesar de todas las señales que eran suficientes para no seguir confiando en ellos.

Una cosa que también magnetiza y fascina de esta virtud en Jesús, es que su compromiso para nada fue a ciegas ni mucho menos incierto. Él no invirtió resignadamente en sus discípulos porque era lo único que tenía. Al contrario, el trabajo amoroso que Jesús demostró lo realizó plenamente consciente de quienes eran sus discípulos, cuáles eran sus debilidades e incapacidades y hacia donde los podía llevar. Es por eso que Jesús no fue un iluso o un idealista. Él era un profeta que podía imaginarlos perfectamente acoplados a su plan, aunque en el presente sus torpezas e incompetencias eran evidentes. Pero aun así, no los abandonaría en su proceso formador, sino que se desbordaría a través de una pedagogía de transformación, para a ser de ellos ministros competentes de un nuevo pacto (2 Corintios 3:6).

No es fácil mantener vivo y en pie una misión, cuando las condiciones no están a nuestro favor y cuando las personas que dirigimos no responden de la manera que esperamos. Debilita mucho el vigor y las ganas de ser parte de lo que Dios está haciendo, cuando el recurso humano no responde con calidad y altura a las indicaciones e instrucciones mínimas. No es fácil liderar, cuando algunos de nuestros dirigidos se parecen a los discípulos de Jesús, especialmente en esa temprana inmadurez y terquedad. En ese instante donde se hace evidente el desgaste emocional, nos conviene mirar el liderazgo de Jesús, quien demostró ser audaz para tomar los riesgos que conllevaba

---

71 Uno de los aspectos atractivos de esta virtud, es el hecho de saber que Dios nos ama y que no hay nada que podamos hacer para que dichos sentimientos sean más plenos o no. Pensar en el sentir y en el carácter de Dios con esa determinación, nos confirma la bella originalidad que tiene su ser amoroso. Jesús de manera perfecta e íntegra desea nuestro bien, y para sostener este sentir divino, se compromete a no cambiar en lo absoluto su amor para con todos los que hemos creído. Por lo tanto, tenemos un Dios inmutable en su amor y que sus planes no dependen de ninguna circunstancia. A pesar de nuestra evidente vulnerabilidad, frágil fortaleza y fracasos, su compromiso para con todos es inconmovible, su amor inmensurable y su fidelidad inquebrantable.

Longanimidad

dirigir a los que había llamado, ya que las probabilidades de ser abandonado tempranamente por estos discípulos eran altísimas.

Probablemente el momento más tenso de su ministerio fue justamente lidiar con esa posibilidad. Uno de esos momentos de alta tensión emocional, ocurrió después que Jesús hablara en una sinagoga de Capernaum sobre el misterio de su muerte. Sus discípulos murmuraron sobre la dureza de su discurso, y Juan relatando dicho episodio, señala que Jesús pudo discernir lo que musitaban sus aprendices discípulos (Juan 6:50-69). Inmediatamente los confrontó y les dejó saber que estaba consciente de que algunos de ellos no le creían, y que sabía incluso el motivo principal del porque otros lo habían abandonado. La tensión llega a su clímax, cuando los interpela con la pregunta: *"...¿Queréis acaso iros también vosotros?"* (v. 67). Definitivamente Jesús no tenía la intensión de perder en un arrebato innecesario a estos discípulos, pero si le era necesario confrontarlos duramente, con el fin de reubicar sus pensamientos[72].

Hay una garantía espiritual en la longanimidad de Jesús, y es que él estaba lleno del Espíritu Santo. Jesús andaba en el Espíritu y toda virtud sujeta al Espíritu Santo, puede verse estimulada y desarrollada a su máxima productividad. Jesús evidentemente sujetaba su vida y su ministerio al señorío de su Padre, y en esa disposición de su voluntad sujeta, la longanimidad y toda otra virtud redimida e iluminada se ejercitaba con total eficacia. Jesús se sintió tan enriquecido por la voluntad del Padre y tan empoderado por la operación del Espíritu Santo que con propiedad mesiánica declaró ser el ungido del Señor: *"(18) El Espíritu del Señor está sobre mí, por cuanto me ha ungido para dar buenas nuevas a los pobres; Me ha enviado a sanar a los quebrantados de corazón; A pregonar libertad a los cautivos, y vista a los ciegos; A poner en libertad a los oprimidos; (19) A predicar el año agradable del Señor"* (Lucas 4:18-19).

Jesús puso en marcha una gran empresa salvadora, y aunque los términos de la jornada se tornaban difíciles, incomprensibles y emocionalmente desgastantes, su vida estaba inamoviblemente enfocada en quien era y para que había sido llamado. Es claro que esta actitud es uno de los frutos de la longanimidad y la causa por la cual se

---

[72] Encuentro muy acertado cuando los evangelios relatan detalladamente estas tensiones de Jesús, ya que hacen de él un personaje más auténtico, completamente absorbido por la naturaleza humana que sostenía con naturalidad, y en un escenario que no se ha editado ni mucho menos imaginado. Estos relatos hacen de Jesús menos abstracto y más concreto en la historia humana. Más consciente de sus emociones y más original en la resolución de conflictos. Pero, si los evangelios mostraran a un Jesús completamente mesurado y siempre reservado en sus válidas emociones, tendríamos un Jesús muy artificial, inauténtico y viviendo en un escenario construido sesgadamente en el pensamiento de los evangelistas canónicos.

mantuvo en pie de lucha nuestro Señor Jesucristo. Teniendo la completa certeza de que todo lo que vivía como ser humano nada era en vano, encontrando incluso en el sufrimiento su más sublime propósito.

4.2. La longanimidad del buen samaritano

Todas las parábolas de Jesús revelaban el misterio del reino. Un misterio ya no más velado o distante, sino expresado con amplia claridad y generosidad. Esplendidas narraciones expresadas con el fin de darnos a conocer los notables principios y valores del reino. Una verdadera novedad redentora presentada desde las bendiciones inmediatas, hasta los matices escatológicos plasmados en las bendiciones venideras, que prometen el triunfo final sobre las penurias de la vida. Todo esto desde un tejido literario claro, consistente y direccionador.

Las parábolas dieron a conocer la vida imaginada por Cristo. Una vida sencilla, donde la búsqueda individualista del bien propio no tiene lugar. Por el contrario, las parábolas buscaban el sentido verdadero de toda búsqueda, que es el bien universal donde todos somos invitados hallar la verdadera libertad, paz y bienestar en Dios. Era imposible no entender el mensaje que contenían las parábolas, como tampoco era imposible no ceder a la invitación que proponían.

La parábola fue un recurso profético que también Jesús usó para denunciar esa praxis incoherente de los del templo, donde el obtener el beneficio propio era el fin de toda su vacía espiritualidad. También usó las parábolas, para invitar a los suyos a servir desde el sentir más desinteresado. Sin duda, que recibir un honorario o un beneficio por servicios prestados es justo, y nunca fue la intensión de Jesús el ir en contra de esta comprensible utilidad. Sin embargo, la preocupación principal de Jesús en sus parábolas solidarias, era dejar claro que el ejercicio de toda virtud fraterna debía ser plenamente caritativa, bondadosa y desprendida. Las parábolas de Jesús siguen invitándonos a vivir la belleza y la alegría de servir a ese nivel de compromiso, siendo el fundamento de tal acción el amor y la motivación permanente de bendecir. Abnegada actitud, aun cuando la injusticia y la falta de agradecimiento fuese su único escenario.

La longanimidad es una virtud que no necesariamente nace, se estimula o se desarrolla en un contexto afable, equitativo y agradecido. Más bien, la longanimidad trasciende los escenarios, para verse libre en cualquier contexto que le toque expresarse. La parábola del buen samaritano está intencionalmente construida para apreciar esta trascendencia[73]. La praxis del buen samaritano es movida con notoria esplendidez, no porque haya habido alguna razón para devolver un bien anteriormente recibido. Al contrario, la narración de Jesús gira en torno a un caminante samaritano que acude sólo por el simple acto de ser misericordioso por alguien que culturalmente lo despreciaba. Este caminante hace un alto en su camino y supera lo incomodo que es acudir en beneficio de alguien que quizás no lo haría por él. Notemos el detalle de la escena; el judío ha quedado medio muerto, en otras palabras, completamente inconsciente como para darse cuenta que el que lo ha atendido y salvado la vida ha sido un samaritano. Probablemente nunca supo el judío quien lo salvó y pagó sus necesidades no menores para su debida recuperación. Pero justamente en esto radica la amplitud de la longanimidad, ya que simplemente se da, ama, resiste, tolera y ofrenda lo mejor de sí, aunque no exista la mínima posibilidad de algún pago o el mínimo reconocimiento a la labor realizada. Sin duda, que a este nivel desea Cristo que ejercitemos todos nuestros talentos y dones por el bien, el gozo y la bendición de los demás, aun cuando los demás no tengan el tiempo, la forma o el interés de reconocer nuestra virtuosa acción[74].

El buen samaritano supera lo incomodo que es asumir la necesidad del otro. No es fácil hacerse cargo del aquel que no tiene ni la mínima posibilidad de ponerse de pie y devolver con algún bien nuestra acción. La virtud de la longanimidad nace de la gratuidad y como gracia no busca lo suyo, sino que pacientemente se da de la manera más excelsa, fértil y generosa. En cierta medida esta virtud es escandalosa, ya que al vivirla a la manera del samaritano, en el imaginario social actual sólo sería vista como una entelequia. Una ficción incapaz de verse irradiada entre los hombres. Especialmente en nuestra cultura donde se entronizó

---

[73] Es muy interesante la historia llena de odio entre los judíos y los samaritanos. Este intenso antagonismo se debía a la intolerancia que mostraban los judíos hacia este grupo étnico y religioso, ya que estos últimos eran una mezcla racial. Además, algunos samaritanos todavía practicaban ritos paganos, donde el judaísmo no podía verse interpretado. Otro dato curioso, era la interpretación que le daban a los lugares de adoración, es por eso que la mujer samaritana le hace a Jesús la pregunta sobre que monte se debía adorar: *"(20) Nuestros padres adoraron en este monte, y vosotros decís que en Jerusalén es el lugar donde se debe adorar. (21) Jesús le dijo: Mujer, créeme que la hora viene cuando ni en este monte ni en Jerusalén adoraréis al Padre. (22) Vosotros adoráis lo que no sabéis; nosotros adoramos lo que sabemos; porque la salvación viene de los judíos. (23) Mas la hora viene, y ahora es, cuando los verdaderos adoradores adorarán al Padre en espíritu y en verdad; porque también el Padre tales adoradores busca que le adoren"* (Juan 4:20-23). Jesús demostró una apertura de salvación por los samaritanos, de la misma forma que la mostró por los judíos. El mismo ejemplo de amor y apertura se vio después en los apóstoles y en las primeras comunidades cristianas (Hechos 8:25).

[74] Reflexiono así, porque siempre observé en mis padres ese nivel de disposición. El desapego de las cosas y el deseo de servir sin esperar algún beneficio como pago, los llevó a disponerse permanentemente a las necesidades de los demás. En todo lo que podían demostraban su sensibilidad, y no buscaban en esa acción algún tipo de ventaja alguna, sino el demostrar generosamente el amor. De esa escuela aprendí la belleza de ser un hermano menor entre los demás.

el yo, la longanimidad como otras virtudes son a veces espejismos que van paulatinamente desapareciendo, para dar paso al desvarío de la popularidad, retribución y reconocimiento. Parece que nadie haría algo solamente buscando el bien del otro, sin recibir a cambio aún el más mínimo beneficio.

La praxis del despreciado samaritano interpela la cultura de la búsqueda de nombradía y celebridad, pero también solicita la evaluación de nuestras propias imágenes ministeriales. Si hay un ejemplo a seguir, que nos dejaría completamente distante de la notoriedad, es justamente el ejemplo del samaritano. Nos distanciaría del aplauso rimbombante, pero nos acercaría perfectamente a esa verdadera piedad que Jesús espera ver en nosotros. La virtud de la longanimidad en el modelo de esta poderosa parábola, visibiliza el misterio del amor del Padre. Los matices, detalles y énfasis presentados en esta parábola, todos están para mostrar el quehacer de una acción ministerial que se da dadivosamente por el bien del prójimo. En esa acción, no hay otra motivación que el amor en su más pura y santa devoción.

Ahora, no pensemos que la virtud de la longanimidad es un constante darse no importando la infertilidad en que puede verse practicada. Sin duda, hay promesas para todo acto noble e incondicional (Mateo 10:41-42). Dios promete tener presente el amor demostrado hacia su nombre, a través del servicio hacia los demás (Hebreos 6:10). No cabe duda, que tiene su fruto la longanimidad porque no es una virtud infértil. Además, como bien dice el escrito de Hebreos: *"Porque Dios no es injusto para olvidar vuestra obra y trabajo de amor..."* (Hebreos 6:10)[75].

4.3. La naturaleza resiliente de la longanimidad

Los paradigmas materialistas crean falsos valores basados únicamente en la valía de las cosas. La vida y la búsqueda del sentido de la misma,

---

75 Es sumamente importante afirmar el valor que Dios le da a su obra; sea está grande o pequeña. En medio del frenesí por acumular logros ministeriales, de estar en la cima del mérito y ser considerado un ministro de éxito, debemos reconocer la necesidad de volver a entender que no hay ministros estrellas, sino que todos somos siervos. Y no hay congregaciones mejores que otras, porque todas son del Señor y en todas ellas está su presencia, amor y su cuidado. Si bien es cierto, esto es muy fácil de entenderlo, y a la vez complicado de mantenerlo, debido a esta supremacía de los números estimulado por la misma institucionalidad que necesita mostrar cuanto crecimiento numérico ha logrado. No hay ningún problema con los números, pero si estos son la única referencia para hablar de éxito, creo que estamos lejos de como Jesús imaginó el crecimiento. El éxito tiene que ver también con la calidad de los resultados. Esto significa que nuestro trabajo por formar una Iglesia de propósito, radica en la idea de tener más discípulos comprometidos, que congregantes ocasionales.

Longanimidad

está para muchos en la acumulación de cosas, como si esto fuera la fuente principal del gozo, la realización y la seguridad. Constantemente se beben la falacia de ver las cosas, como aquellas que pueden producir un alivio y placer inmediato y permanente. Pero esta idea es tan efímera como el olor a nuevo de un carro cero millas, que sólo disfrutas la fragancia unos días para luego sentir que la sensación agradable se evaporó, y al final ese carro especial es uno más entre tantos. Este ejemplo y muchos otros que podríamos señalar, te dejan ver el placer tan temporal y poco significativo que producen las cosas. Al final, lo que permanece en la retina del alma son esos momentos donde las sensaciones y emociones quedaron suspendidas en el tiempo[76]. Estas sensaciones pudieron ser experiencias de profunda alegría, como también las de profundo dolor.

Toda vivencia que se propicia en el seno de la familia, son las que nos permiten desarrollar virtudes más sólidas. Está comprobado que las familias que han crecido en un ambiente familiar lleno de solidaridad, amor y comprensión, incluso las que han invertido en experiencias placenteras como cantar juntos, salir a paseos campestres o disfrutar gratas conversaciones, resultan en el desarrollo de personas con mayor capacidad, determinación y confianza para enfrentar los desafíos futuros de la vida.

Para encontrar un sentido pleno y duradero a todo lo que somos y hacemos, el camino no es la cosificación de la existencia, sino el de desarrollar esa gama de virtudes que con su altruismo nos hacen más conscientes de la belleza de la vida. Las virtudes representan ese destello de plenitud que se busca con desespero, y no cabe duda que las vivencias familiares atesoran tantos sentimientos que resultan en el desarrollo de mejores herramientas emocionales.

La resiliencia es una virtud definida como la capacidad de sobreponerse a las situaciones difíciles de la vida, y es justamente una de las notables virtudes que se puede desarrollar a partir de las vivencias familiares. Para muchos el término es nuevo, pero el principio que conlleva es antiguo. ¿Quién no ha escuchado o incluso usado estas expresiones: *Al mal tiempo buena cara; Si la vida te lanza limones,*

---

[76] Conversando en una ocasión con mi esposa Erika sobre la necesidad de invertir en aquello que nos hiciera más plenos, llegamos a la determinación que lo que necesitábamos como familia era invertir más en aventuras familiares. Las cosas son importantes, pero son placeres perecederos. Las experiencias que quedan suspendidas en nuestro corazón, son aquellas donde el vértigo, la adrenalina, el asombro o la curiosidad producto del descubrimiento y la novedad, estuvieron involucradas. Es por eso que tratamos de agendar habituales caminatas, conversaciones más íntimas y momentos familiares de juegos, manualidades y descubrimientos. Estamos convencidos que nuestros hijos en el futuro recordarán con emoción no las cosas que les regalamos, sino los momentos significativos que vivimos.

Un Pastor llamado Jesús

prepárate una deliciosa limonada; Todo lo que florece, viene de una semilla que fue sepultada? Estos proverbios populares encierran sencillas verdades sobre las diversas maneras en que podemos pararnos ante las contingencias de la vida. También en el texto bíblico se encuentran muchos pasajes de profunda resiliencia. Uno de ellos es Romanos 5:2-3: *"(2) Por quien también tenemos entrada por la fe a esta gracia en la cual estamos firmes, y nos gloriamos en la esperanza de la gloria de Dios. (3) Y no sólo esto, sino que también nos gloriamos en las tribulaciones, sabiendo que la tribulación produce paciencia".*

Pensando en el tema del liderazgo, la resiliencia tiene un papel importante en su desarrollo. Las virtudes propias del liderazgo donde la resiliencia es su principal coyuntura, son las que garantizan la firmeza y el temple para mantenernos en la firme convicción de seguir adelante. Encontrando en cada paso y experiencia, el propósito y el sentido pleno de la vida ministerial[77]. Puede ser que algún infortunio nos deje a la deriva de la vida con incertidumbres y profundas heridas. Sin embargo, toda situación negativa la podemos ver como temporal, ya que tenemos el suficiente impulso para volver a reinventarnos y nuevamente ponernos en la dirección correcta. Recuerda que nunca los obstáculos por más fieros que sean, son mayores que tu gran propósito en Dios[78].

La virtud de la longanimidad tiene una gran dosis de resiliencia, ya que no podría ser una magna virtud sin límite de donación si no tuviera esta tan evidente solidez. La resiliencia hace de la longanimidad una virtud ricamente templada. Su efectiva ductilidad puede llegar a límites casi insostenibles, incluso llegar a doblarse, pero nunca quebrantarse. Puede sentirse completamente aplastada por el peso de la adversidad,

---

[77] Como hemos dicho anteriormente, la palabra resiliencia es un tecnicismo que se ha usado para explicar una virtud muy conocida; la virtud de adaptarnos y sobreponernos. Las experiencias de la vida se nos vienen con sus imponderables, y la única manera de mantenernos con posibilidades de seguir, es adaptándonos a esa desdicha con el fin de generar mejores resultados, e incluso salir de esa zona incomoda con mayor facilidad. Cuando mi padre murió, mi mamá tenía 70 años, y aunque los primeros meses fueron demoledores, lentamente ella fue encontrando el temple de no sólo vivir la vida sin su amado, sino de vivirla llena de nuevos sentidos y propósitos ministeriales. Hoy tiene muchos proyectos, y uno en particular es su canal de YouTube llamado "Corazón de mujer", donde da diversas reflexiones y consejos. Sin duda, su vida ha sido un modelo de resiliencia ministerial.

[78] Recuerdo la bella experiencia que significó para mi hijo Elías caminar junto a su mamá, el ascenso completo hacia Mission Peak (Fremont California). Erika ya había ascendido y tenía más experiencia, pero para Elías era su primera vez. Mission Peak es una elevación montañosa que está a más de 2 mil pies de altura. Para llegar a la cima debes usar diversos caminos ascendentes, que para principiantes la caminata es de 3 a 6 horas. Elías con su mamá lo hicieron en 3 horas. Al volver a casa, Elías estaba tan emocionado que me dijo: *Papá fue duro y largo, pero no me importó porque quería llegar a la cima.* Lo que me dijo Elías me cautivó y me hizo pensar que siempre tendremos obstáculos en la vida, pero estos nunca podrán ser más grandes que nuestro deseo de alcanzar la cima de nuestro propósito. Y aunque los obstáculos produzcan dolor, estos no serán más intensos que nuestra pasión. Incluso, pueden venir a nuestra mente las dudas, pero al final nunca serán más convincentes que nuestra determinada fe.

Longanimidad

pero al final volverá a componerse. La plasticidad resiliente de la virtud de la longanimidad, no evita que vivamos momentos de desdichas, pero si garantiza su nivel de resistencia. Otra novedad de la resiliencia, es que hace de la longanimidad una virtud ennoblecida donde las experiencias de la vida no carecen de sentido. Inclusive, se logra ennoblecer el dolor vivido evitando así la incertidumbre, el desasosiego y la renuncia. Al verse ennoblecida también se ve inteligente, porque se sufre no por el simple acto de sufrir, sino que se sufre con propósito[79].

A menudo le llamo a esta idea del sufrir con propósito, como *el saber contingente*, ya que la longanimidad se fortalece en el saber la naturaleza y propósito de las experiencias. Esto significa que tal virtud no se da en el sin sentido o desde la ignorancia, sino desde una razón reveladora que nos permite encontrar propósito incluso en los imponderables más complejos. Jesús mismo fue una persona con un enriquecido saber contingente. Sus pensamientos, sentimientos y su fuerza de voluntad estaban tan iluminados que no cedió ni en el más mínimo impulso, como para considerar algo más importante que su llamado apostólico. El saber quién era y para que había sido enviado, le permitió desarrollar un temple para seguir luchando por el bien de los demás. Por su parte, el diablo pensó que podía doblarlo, manipulando en el desierto sus necesidades más inmediatas (Mateo 4:1-11). Sin embargo, el enemigo fracaso porque para Jesús ni su propia vida fue más importante que la misión.

El saber contingente nos permite desarrollar un claro sentido de nuestro llamado. Nuestro quehacer ministerial se ve enriquecido por el conocimiento que tenemos de nuestra identidad ministerial, y por más difícil que se torne nuestro servicio, siempre contaremos con el temple de saber quiénes somos en Dios y cuál es la misión que se nos ha encomendado.

Creo que la resiliencia es un fruto del amor. No podríamos comprometernos con algo, al grado de ofrendar nuestras comodidades

---

[79] ¿Sufrir con propósito? Me preguntaba con asombro una persona que escuchaba atentamente mi charla sobre liderazgo resiliente. Evidentemente somos una cultura donde el sufrir es una realidad que tratamos de evitar. Y no sólo la evitamos, sino que además no le hallamos ninguna utilidad. Pero en realidad, el sufrimiento es siempre una consecuencia de múltiples factores que la provocan, donde le puede anteceder incluso una noble acción. Ahora, cuando habló de sufrir con propósito no estoy sugiriendo una especie de filosofía de la vida basada en el dolor. Más bien, sugiero ver en algunos casos el sufrimiento como señal de un buen proceso que ha comprometido la integridad de nuestra vida, y que al final de dicho proceso, la satisfacción será altísima. Por ejemplo, el sufrimiento de dar a luz, el sufrimiento al entrenar deportes de alto rendimiento o el sufrimiento que conlleva una decisión difícil pero necesaria para el bienestar. Todas estas experiencias y otras que podríamos señalar, muestran el sufrimiento como parte de un proceso beneficioso. Incluso, hay experiencias muy fuertes que nos llevaron a descubrir nuestro temple, nuevos talentos y capacidades que nunca imaginamos tener y desarrollar.

e incluso nuestra vida a favor de otros, si no hay amor. Es imposible que la resiliencia se conciba y se viva sin amor. Los grandes heroísmos en la historia y sus más grandes demostraciones de sacrificio, algunos de ellos los ha impulsado el amor. El nido de los actos ennoblecidos es el amor y el amor verdadero no espera tener todo a su favor para desbordarse. Como bien lo señala Pablo: *"(4) El que ama tiene paciencia en todo, y siempre es amable. El que ama no es envidioso, ni se cree más que nadie. No es orgulloso. (5) No es grosero ni egoísta. No se enoja por cualquier cosa. No se pasa la vida recordando lo malo que otros le han hecho. (6) No aplaude a los malvados, sino a los que hablan con la verdad. (7) El que ama es capaz de aguantarlo todo, de creerlo todo, de esperarlo todo, de soportarlo todo. (8) Sólo el amor vive para siempre…"* (1 Corintios 13:4-8).

En la consciencia y en la actividad misma de los que seguimos a Jesús entendemos que la misión que se nos propone, tanto su llamado y su quehacer ministerial, deben ser asumidos desde el amor. Con entrega auténtica y pasión por el Evangelio se hace la misión de Jesús. Por lo tanto, debe estar presente el amor por lo descomunal que es el compromiso. El ministerio que no se realiza desde la motivación amorosa de buscar el bien de los demás, traiciona su propósito y niega en cada acción, por más pura que se vea, su autenticidad Cristo céntrica. Es por eso, que el camino del amor no es sólo el hecho de sentir buenos sentimientos, sino el estar conscientes del proyecto liberador que sostiene.

El amor hace de la iglesia peregrina una comunidad fiel a la misión de Jesús. El amor hace de la misión un modo de vida rebosante. Como líderes y ministros, debemos expresar de manera nítida la consciencia que tenemos de la misión de Jesús. Debemos estar claros de que no hacemos la misión como si sólo se tratara de la obediencia a un mandato, más bien se trata de la dicha de recibir con alegría un mensaje de amor gratuito e incondicional que se nos ha confiado.

Pablo sabe lo magno de esta virtud, y es por eso que, en una de sus habituales cartas apostólicas, expresó a la comunidad de Colosas su deseo de que ellos fuesen fortalecidos en la longanimidad: *"Fortalecidos con todo poder, conforme a la potencia de su gloria, para toda paciencia y longanimidad"* (Colosenses 1:11). Ellos debían abundar en longanimidad, porque es fruto del amor. Debían ser enriquecidos en ello, porque es la virtud garante de todas las ennoblecidas acciones que nos ayudan hacer la misión de Jesús.

4.4. La longanimidad de Jesús

La virtud de la longanimidad es una virtud completa, de mayor extensión mental y emocional, ya que alude a la solidez del temperamento para mantenerse en plena disposición y firmeza, aun cuando las condiciones donde se manifieste fuesen intensamente antagónicas[80]. La longanimidad es una virtud enriquecida, ya que tiene que ver con la paciencia, perseverancia y el amor, como también con la esperanza, constancia y la fidelidad. La longanimidad como fruto del Espíritu nos da la dignidad y la alegría de saber que toda acción que realicemos nunca quedará sin fruto.

La longanimidad es uno de los mejores frutos que se irradia fructíferamente en Jesús. Él fue un ser feliz y satisfecho en todas las asignaciones que Dios Padre le había encomendado. Mantuvo en todo su peregrinar el mismo ánimo y vigor, aun cuando la jornada cotidiana quebrantaba sus fuerzas. Jesús al abundar en longanimidad, se distancia del pragmatismo religioso de los del templo que siempre consideraban primero la ventaja que podría darles alguna acción piadosa. Estos religiosos, si no había reconocimiento alguno para ellos, entonces no tenían ni la mínima vergüenza de abandonar no sólo sus responsabilidades, sino a las personas que aparentemente amaban y servían.

La longanimidad es el mejor fruto para evidenciar el compromiso de Jesús con la misión divina. Se ve completo el ser de Jesús e íntegro su proceder, al abundar en esta noble virtud. No podía ser de otra manera, ya que, para llevar a cabo esta colosal idea salvífica, era necesario el temple sólido, duradero e inquebrantable de la longanimidad. Y no sólo esta esplendida virtud, sino toda la gama de virtudes que al verse desarrolladas y potencializadas por el Espíritu Santo, fueron virtudes productivas, poderosas e inamovibles. Virtudes consistentes que lo mantuvieron en la correcta dirección, sentir y propósito. Pensando en esto me surge la siguiente pregunta: ¿Cuál es la virtud más ejercitada en nuestro ministerio? ¿Con cuál virtud nuestros discípulos nos identifican? Pareciera que estas preguntas no fuesen tan necesarias, sin embargo, son necesarias y determinantes porque evitaríamos esa idea de valorizar más lo que hacemos desde nuestras

---

80 Con este énfasis ya podemos deducir lo maravilloso que es esta virtud. Cultivarla y desarrollarla hará más sólida nuestras determinaciones y el compromiso asumido. La longanimidad no sólo es un sentimiento, también es una fortaleza mental y una determinación del carácter. Tal virtud se fortalece en el amor y se revoluciona en la pasión. La longanimidad produce confianza y determinación. Podemos estar pasando el momento más demoledor, pero viene la longanimidad para posicionarnos sobre una plataforma emocional más sólida.

habilidades y aptitudes, por sobre las virtudes que definen lo que somos[81].

Jesús fue el modelo perfecto de liderazgo que no sólo estaba lleno de buenas ideas, sino también de correctas motivaciones. El aspecto tanto cognitivo como emotivo de su quehacer, hizo de su praxis un ejercicio invariable y competente. Fue brillante y muy pedagógico en su reflexión y en la presentación de su mensaje. Un ministro extraordinario en procurar que lo que exponía, la gente también lo podía apreciar en su proceder cotidiano. Un líder altamente competente, transparente y coherente.

La obra de salvación obedece a un diseño de amor primigenio (Juan 3:16)[82]. Nace del amor y es sustentado en el amor; y donde hay amor la gracia abunda en longanimidad, sensibilidad y auto donación. Esto no significa que Jesús vio su acción como si se tratara de algo sin valor alguno, al contrario, la misión de Jesús es invaluable y de precio elevadísimo, ya que el último acto de donación que se debía dar, era el ofrendar su valiosa vida.

En todo esto podemos apreciar la longanimidad en Jesús. Tres años ministrando, enseñando y predicando a tiempo completo y dependiendo absolutamente del Padre que le envió. Vivió verdaderas jornadas duras no sólo por el cansancio físico que experimentó, sino por las decepciones y las tensiones emocionales que en varios momentos tuvo que superar. Jesús llevó la carga mayor del ministerio porque él era el maestro y los discípulos sus aprendices. No fueron fáciles las jornadas de Jesús ni agradables sus noches. En un momento Jesús es muy honesto con alguien que insistía seguirle, ignorando el costo de dicha peregrinación: *"Jesús le dijo: las zorras tienen guaridas, y las aves del cielo nidos; mas el Hijo del Hombre no tiene dónde recostar su cabeza"* (Mateo 8:20).

Una de las escenas cruciales en la vida de Jesús, previo a ser apresado de noche por la cofradía de guardias del templo, es el momento de profunda intensidad emocional que él tuvo mientras oraba a su Padre en el Huerto de Getsemaní. Pareciera que Jesús se sintió inseguro e intimidado ante lo que venía, pero lo que en realidad sucede, es que él siente la confianza de manifestarle a su Padre su humanidad

---

81 Creo que todos coincidimos en que no podemos desarrollarnos a nivel de *aptitud*, descuidando la importancia de nuestra *actitud*. Básicamente la aptitud define lo que soy capaz de hacer, pero la actitud define lo que realmente soy.

82 Me gusta justamente insistir en mis diálogos, la idea de que la obra salvífica de Jesús en la cruz obedece a un acto de amor eterno. Es un verdadero plan divino perfectamente pensado y eficazmente llevado a cabo. En cada detalle, hay una notable armonía entre lo profetizado y lo cumplido. Nada fue ocurriendo de manera accidental, sino que los eventos fueron dándose con notable coherencia sinóptica, mostrando en cada escena notables matices del gran amor divino.

Longanimidad

quebrantada, exhausta y consciente del peso de la gran responsabilidad que conllevaba el último acto de la donación. Al leer los evangelios podemos ver que Jesús nunca se sintió intimidado ante la adversidad, pero en ese momento se permite expresar todo su honesto sentir. Sin duda, que este es el lado honesto de la longanimidad, porque la fortaleza interior no exime el dolor, el temor y el peso que representa una misión tan descomunal como la que tuvo que enfrentar Jesús.

La longanimidad también nos sensibiliza con el fin de estar conscientes del peso que significa emprender un desafío. No nos evita el dolor o los sentimientos que puedan generar las jornadas difíciles. Pero así debe ser, porque es la forma en que surge el impulso extra. Muchas veces la tracción, el movimiento y el temple surgen de la presión. La longanimidad nos impulsa cuando se vive una intensa resistencia. Pero a veces las fuerzas languidecen por la falta de presión. En este sentido Jesús supo direccionar la descomunal presión que tenía. Fue reservando sus fuerzas para enfrentar el sufrimiento de la cruz, perdonar en el momento más intenso del dolor y para mantenerse lúcido, despierto y enfocado mientras sus fuerzas desfallecían. En la cruz soltó todo el temple de su longanimidad para resistir el sufrimiento agónico y llevar hasta el final la misión encomendada.

5

HUMILDAD

"Tomad mi yugo sobre vosotros y aprended de mí, que soy MANSO y HUMILDE de corazón, y hallaréis descanso para vuestras almas"
(Mateo 11:29, BLA Versión Biblia de las Américas)

5.1. La virtud más sublime

Si hay una virtud sublime, esa debe ser la humildad. Tanto el poeta, el filósofo, el de las bellas coplas, el religioso y el literato de prosas inteligentes, se han rendido a los pies de esta ennoblecida virtud[83]. La humildad ha inspirado al erudito, como también a los iniciados del pensar de la fe. Su pertinencia y validez están presentes en todas las modalidades de la vida. Como el amor, la virtud de la humildad es más poderosa que la ira (Proverbios 15:1). Pablo señaló que esta bella virtud nace y se desarrolla en el amor (Efesios 4:2). Es una virtud que hace posible la rendición total del egoísmo y del individualismo (Filipenses 2:3). En el obrar humilde hay sabiduría (Proverbios 11:2). Sus actos

---

[83] El tema de la humildad ha sido tratado incluso en espacios literarios bastante intelectuales. Pareciera que fuese un tema menor y hasta trivial, sin embargo, está presente incluso en el pensar de todas las ciencias humanistas. Recuerdo cuando cursaba la secundaria y mi profesora de Filosofía organizó una ronda de diálogos y exposiciones sobre diversos temas filosóficos. Cada estudiante de la clase tenía que realizar una presentación de ciertos principios valóricos. Me sentí muy entusiasmado al saber que el tema que me tocaba exponer era la humildad. Hasta ese momento no me había dado cuenta de la riqueza literaria que tenía el tema, y de la gran tradición de pensadores que la habían dialogado. Fue tan importante esa experiencia no sólo por lo que expuse, sino por la dicha de descubrir a un filósofo y teólogo cristiano del siglo XIII llamado Tomas de Aquino, que a partir de ese momento cautivó bastante mi curiosidad literaria. Todavía conservo en mi memoria lo significativo que fue exponer el tema, ya que, apoyado por el pensamiento de Tomas de Aquino, sentí que pude dar de manera eficaz, una enriquecida posición cristiana intelectual sobre la humildad.

están llenos de honorabilidad (18:12) y la comunidad de fe se halla enriquecida al vivirla (Romanos 12:16, 1 Pedro 3:3-4, Colosenses 3:12, Santiago 3:13, entre otros).

La virtud de la humildad es la actitud de estar conscientes de la perspectiva adecuada que debemos tener ante la vida. La humildad es una virtud sabia, donde la reflexión de mis propios activos o limitaciones, la prudencia de mis acciones y el reconocimiento de mis capacidades, están presentes para obrar en bien de los demás y de mi propia vida. En la humildad no existe ni la mínima necesidad de considerar el camino de la soberbia, el narcisismo o el individualismo, como forma de encumbrarme en la cúspide del bien ególatra. Por el contrario, en el ejercicio de la piedad, la solidaridad y la bondad es donde la humildad nos hace alcanzar la máxima altitud de la dicha.

La humildad también se demuestra en el conocimiento adecuado que tenemos de nosotros mismos: *"...a cada cual que está entre vosotros, que no tenga más alto concepto de sí que el que debe tener..."* (Romanos 12:3). Quien soy y para que he sido llamado, son la flora de percepciones que me permiten desarrollar el verdadero sentido de mi existir. Cuando desarrollamos una idea inadecuada de nosotros mismo, y nos vemos como superiores a otros, caemos en la absurda ficción de pensar que el mundo debe girar en torno a nuestras ideas, y esto no sólo es falacia, también es la egolatría en su más profundo desvarío. Un conocimiento de sí más alto de lo que debe ser, significa una percepción personal alejada de toda sensatez y realidad. En este desacierto se persigue no sólo la altura sino el centro de la vana imagen. Pensar que todo debe girar alrededor de nosotros, es sin duda, uno de los mayores absurdos. Lo más irracional de esto, es saber que todavía hay algunos líderes y ministros con esta medieval idea.

Recordemos que la vida no sólo tiene sus éxitos y tiempos de completa lozanía, también tiene sus dosis amargas y de angustiosos momentos. El ministerio mismo no sólo nos presenta el momento solaz, también tiene sus sinsabores que uno no agenda ni mucho menos imagina vivir. Hay incluso eventos tan violentos, que en cuestión de segundos todo lo que hemos construido con esfuerzo puede desmoronarse. Pero aquí aparece el elemento terapéutico de la humildad, ya que ante lo contingente nuestro mejor camino es el sosiego y la pausa. Tal quietud tiene la finalidad de ayudarnos a entender la evidente fragilidad de nuestro ser, y que hay eventos que existencialmente nos pueden sobrepasar. Hay incidentes que no sólo superan nuestras fuerzas, también sobrepasan nuestras capacidades emocionales e intelectuales. Son justamente esos momentos, donde debemos ser humildes y reconocer nuestra total dependencia en Dios.

Humildad

Es en esa quietud, donde podemos reconocer nuestra vulnerabilidad y la necesidad de depender totalmente de Dios.

La humildad para nada es baja autoestima, resignación o la impotencia ante aquello que nos sacude. Al contrario, la humildad es la zona más inteligente, plena y más segura donde podemos estar ante el vendaval de situaciones que podrían desestabilizarnos[84]. También la humildad nos predispone a superar nuestros complejos y limitaciones, a través del reconocimiento auténtico de nuestras capacidades. Un reconocimiento que no nos deja anclados ni aprisionados a nuestras restricciones, sino que nos impulsa a desarrollar, vigorizar y potenciar dichas capacidades emocionales, intelectuales y espirituales. En este fortalecimiento, la raíz del egoísmo no prospera ni tiene cabida, ya que lo desarrollado será para la completa realización de nuestra prudente percepción de nuestra identidad propia. Tampoco puede prosperar el pesimismo ni mucho menos la autopercepción negativa y fatalista de nuestras propias experiencias de la vida.

La humildad es una virtud inteligente que nos permite desarrollar adecuadas ideas de la vida. A mayor conocimiento de las cosas que nos tocan vivir, mayor comprensión tenemos para enfrentarlas y manejarlas a nuestro favor. Las virtudes que florecen en el corazón humilde como la prudencia, la quietud y el adecuado juicio, provocan una alta asertividad y capacidad resolutiva. El conocimiento enriquece la humildad, porque le ofrece apreciaciones nuevas de cómo enfrentar las contingencias.

Como una verdadera inteligencia de lo divino, la humildad define el modo y la disposición al momento de relacionarnos con Dios y con el prójimo. Un corazón humilde es un corazón entendido en la santidad y la soberanía de Dios. Es más, ante el misterio de Dios la humildad es la forma más inteligente de permanecer. La adoración y la contemplación son actos de devoción humilde impulsados por la fe y el amor hacia Dios. La adoración nace del amor, del asombro y de la dicha que provoca Dios. Esto significa que adorar nunca es un acto precario, sino un acto enriquecido por la revelación. En consecuencia, es un acto inteligente que se expresa y se irradia en la humilde devoción. No hay mayor hermosura litúrgica que ver a la inteligencia unida a la humildad en el acto de adorar.

---

[84] Parece que no fuera tan necesario dejar claro tal realidad, sin embargo, en medio de una sociedad marcada por la búsqueda frenética de logros y por ser reconocido como un exitoso, pareciera que la virtud de la humildad sería una cualidad innecesaria. Para algunos es una virtud estorbosa y relacionada más con la debilidad del carácter. No obstante, si hay una virtud que conlleva un gran peso de sabiduría, es justamente la humildad. Esta virtud lejos de ser una debilidad, requiere una gran fortaleza mental y emocional para optar por el camino que propone.

En relación al prójimo, la humildad sería la renovada e iluminada comprensión del valor intrínseco que tienen los demás. Levantarse contra el prójimo con soberbia y desprecio, podría demostrar la pobre comprensión que tenemos no sólo de los demás, sino también de nosotros mismos. No propongo la idea de que ser humildes es dejarse pisotear. Más bien, la vida humilde contiene una gran dosis de sabiduría que nos ayuda a lidiar con los desafíos interpersonales, y usar con mayor consciencia las mejores herramientas emocionales como la tranquilidad, la prudencia y la asertividad. Herramientas que nos permiten estar libres de todo el peso de la amargura, de la siniestra tentación de la venganza y de la incapacidad de perdonar. Herramientas que nos hacen ser personas más libres, más gozosas y más plenas.

5.2. La humildad de Jesús

Que bien se ve esta virtud en la vida de Jesús, ya que como bien lo imaginó el profeta Zacarías, la humildad sería una de esas bellas virtudes que darían testimonio de la identidad verdadera del mesías (Zacarías 9:9). Jesús no tuvo ningún problema en señalar que su vida estaba plenamente sometida al Padre. Es más, esta realidad humilde de Jesús ante el Padre lo demostraba con plena alegría y libertad. Jesús es el verdadero mesías humilde que vino de Dios Padre, y todo lo que hacía y decía, estaba en armonía con el eterno beneplácito de aquel que lo envió y que eternamente lo ha amado.

La humildad de Jesús hablaba de la calidad de su ser y la calidad de su compromiso con la misión divina. La humildad fue uno de sus distintivos mesiánicos, que le permitió vivir como siervo entre los hombres, asumiendo sin problema las incomodidades y las situaciones menos apetitosas de este estado. Jesús vino humilde para asumir sin la mínima conjetura, prejuicio o resistencia la condición de ser un hombre. Pero no sólo fue siervo, sino que también asumió la condición de ser el menor de los siervos. Para esta condición de ser el menor, es el amor la mayor fuerza que Jesús tenía para impulsarlo y mantenerlo. El que ama verdaderamente no tiene la dificultad de dar todo su bien en beneficio de los demás, y esta maravillosa virtud Jesús la irradió y la mantuvo en todo su peregrinar terrenal[85].

---

85 ¿De qué manera podríamos cultivar en nuestro liderazgo la virtud de la humildad? Esta fue una interesante pregunta que me hizo una persona, luego de finalizar una charla donde desarrollé el tema del liderazgo en el modelo de Jesús. Resalto esta pregunta, porque no sólo la considero interesante, sino que además necesaria. Vivimos a un ritmo que a veces las preocupaciones estéticas del liderazgo son más importantes que las preocupaciones éticas. En algunos, hay una mayor preocupación por la imagen social que proyectan y por el desarrollo de mejores técnicas

Humildad

Jesús fue y sigue siendo un ser auténticamente humilde, porque está lleno del amor del Padre. El amor que recibe de Dios, produjo en él un adecuado concepto de sí mismo. Un saber que continuamente lo actualizaba a través de la profunda espiritualidad que cada día lo enriquecía. El hecho de sentirse amado, le fue suficiente para entender y aceptar cuál sería su vida y ministerio entre los hombres. Él supo desde siempre que no vendría para disfrutar algún tipo de comodidad y ventaja. Tampoco tendría las primeras filas o el reconocimiento de los religiosos del templo. Él no tuvo a su disposición algún séquito que lo custodiaba o lo cuidaba, tal cual lo tenían los aristócratas de su tiempo. No tuvo ningún privilegio porque no lo necesitó ni mucho menos lo anheló, ya que le era suficiente el amor de Dios anidado en su ser. Este bendito amor le daba la convicción de que su Padre era la única fuente de su contentamiento.

Jesús se sintió completamente seguro de su llamado y nunca tuvo la necesidad de fingir, anhelar protagonismo o vanagloria alguna. De la misma forma que era amado, así mismo amó y se entregó como el menor de los siervos. Nunca tuvo temor de ser el menor, porque el amor desarrollaba en él un gran sentido de dignidad. Nunca declinó la idea de servir incondicionalmente al prójimo, y aunque este último pudiera haberlo defraudado, aun así, Jesús tenía el suficiente temple para seguir sirviendo y amando. No cabe duda, que aquel que se siente plenamente amado tiene la capacidad de servir aún en las circunstancias menos favorables y estimulantes.

Debemos aprender tanto de la humildad de Jesús, ya que en su vivir manso no sólo representó ese perfil idóneo que define al verdadero enviado del Padre; sino también aquello que define a un ser plenamente entregado al servicio, por un amor que ha perfeccionado su sentido de propósito. En Jesús la humildad es fruto del amor, siendo esa manera de ser, la forma más inteligente de vivir entre los hombres. No existía otra manera de evidenciar el amor que Jesús venía a dar de parte del Padre, sino a través del camino de la humildad. El que ama de manera tan

---

comunicativas, olvidando que hay otras áreas que también demandan nuestro cuidado y total atención. A la pregunta del hermano, le respondí que las dos primeras acciones que podríamos cultivar para desarrollar la humildad, es formar un correcto concepto de uno mismo y desarrollar un auténtico amor hacia las personas que dirigimos. No podemos crear imágenes idealizadas de nuestra propia vida, sobrevalorándola sobre los demás y estimulando un innecesario ego. De lo contrario, nunca podríamos vivir, deleitarnos y compartir el verdadero amor. Recordemos que la presencia del amor, hace que la vida ministerial se viva con sencillez. Reconociendo siempre el valor que tienen los demás. Debemos permitir que Dios, su Palabra y aquellos que nos presiden pastoralmente nos ayuden a formar un concepto adecuado de uno mismo. Además, debemos permitir que el amor divino inunde nuestras vidas, al grado que el amor sea la virtud conducente y el motor principal de todas las acciones ennoblecidas e incondicionales que podríamos realizar en nuestro liderazgo.

Un Pastor llamado Jesús

natural y espontánea, vive en plenitud la humildad. La humildad en el amor encuentra su mayor estímulo, creatividad y fortaleza. Como explique anteriormente; el que ama libremente es porque se siente enteramente amado. Es una persona plenamente segura y bienaventurada, y no tiene ninguna razón para alimentar el más ínfimo capricho de vanagloria o egoísmo.

La humildad hizo de Jesús un ser plenamente libre. Esta libertad lo puedes apreciar desde su encarnación, ya que él como el eterno Λόγος *logos* fue enviado por el Padre al mundo que amaba (Juan 3:16). Él es enviado con el fin de revelar el misterio de Dios y su plan eternamente amoroso para la humanidad. Nada condicionó ni mucho menos restringió el acercamiento de Jesús hacia los necesitados, olvidados y enfermos. El amor divino hizo que Jesús rompiera con todas aquellas barreras que le podían impedir acercarse a los hombres y sanarlos de la miseria emocional, física y espiritual.

Jesús planteó un liderazgo humilde, ya que desde esa virtud podía demostrar de manera creativa y espontánea, la autenticidad de su ministerio pastoral. No hubo otra virtud mayor que proveyera a Jesús tanta legitimidad y confianza[86]. Su liderazgo humilde se constituyó en una fuente de gozo y de grandes beneficios para aquellos que disfrutaron de su dirección. Nosotros como líderes y ministros del presente, debemos ver el liderazgo humilde de Jesús como un principio direccionador. El modelo de liderazgo de Jesús, aunque es el más difícil de seguir, es el mejor de todos los modelos que podríamos considerar. Es a la vez, el único modelo que desata tanta virtud y el único que la Iglesia necesita para ser eficazmente edificada.

La humildad hace presente la sabiduría, especialmente aquella que nace de la disposición a la voz de Dios. Jesús era un hombre sabio y conocía la voz de su Padre. Con humildad oraba, dejando que su ser se llenará de la dirección divina. Jesús nunca buscó lo suyo o caminó en el parecer de su propia consciencia y decisión. Más bien, él admitía que todo lo que hacía y decía era del beneplácito de su Padre. Este nivel de disposición, Jesús también lo enseñó a sus discípulos como requisito indispensable para ser un verdadero seguidor de él: *"...Si alguno quiere*

---

86 Siempre he enseñado en mis clases de liderazgo, la humildad como una virtud difícil de manipular o falsificar. Si un líder presume de humildad, tarde o temprano se derrumbará su maquillaje, ya que es difícil sostener por mucho tiempo lo ficticio y lo inauténtico. La humildad no puede darse en una realidad ilegítima e incoherente, porque representa la virtud más pura y la más transparente. De mi madre aprendí la humildad y el valor de la moderación como grandes fortalezas emocionales. Ella siempre me ha mostrado que el mejor camino para enfrentar las diversas dificultades es la humildad. La humildad por esencia produce moderación y sabiduría. Al final la soberbia es demasiado peso para el alma, pero la humildad la más grandiosa señal de libertad.

venir en pos de mí, niéguese a sí mismo, y tome su cruz, y sígame" (Mateo 16:24).

Jesús promovió con su ejemplo la humildad. Persuadió a los discípulos a estar conscientes de lo limitado de su saber y hacer, sino transitaban el camino de la humildad. También les enseñó a pensar de manera humilde, ya que la mente humilde es más educable y receptiva, y por lo mismo está con la mejor disposición para escuchar y ser guiada debidamente. La mente humilde al reconocer las limitaciones de su propio entendimiento, se inclina a la instrucción de los que desean su bien. Todo líder y ministro anhela ver en sus dirigidos la disposición para aprender y seguir el consejo. Necesitamos discípulos educables para que reciban con alegría y con disposición sincera el consejo de Dios. En la última cena de Jesús con sus discípulos, es notorio un acto pedagógico del Señor. Él toma la posición que siempre enseñó y modeló; la posición de un verdadero siervo. Miró a sus discípulos y uno a uno les lavó los pies, causando una profunda solemnidad en la mayoría de ellos. Luego los invitó a hacer lo mismo, los unos a los otros (Juan 13:3-16)[87].

La mente de Jesús era una mente humilde y totalmente libre para darse dadivosamente. Una mente humilde, es una mente libre del egocentrismo y el personalismo. Es una mente abierta para descubrir las realidades de los demás, y desde ese entendimiento, servirles con mayor generosidad. La humildad de Jesús, fue el resultado de su conocimiento de la realidad de los hombres. Su vida misional estaba enriquecida por la compasión que había desarrollado. Él conoció en primera mano la penuria de los hombres y la incapacidad de ellos por redimir tal tragedia (Mateo 9:36). Jesús constantemente sintió misericordia por las personas, y con humildad paternal dedicó todo su esfuerzo por aliviar esas cargas. Esta compasión no nació de manera espontánea ni mucho menos accidental. Él no se encontró teniendo compasión, sino más bien la desarrolló al ver un pueblo sucumbido en un angustioso abandono. Por lo tanto, su sentir y su acción misericordiosa nació de la observancia y del acercamiento. De la vivencia diaria y no de la contemplación distante. Su ministerio compasivo nació de la participación misma del dolor humano. Jesús no se encuentra accidentalmente siendo profeta, mesías o un predicador. Por el contrario, él desde siempre tuvo la clara verdad de su origen, de la naturaleza misma de su ser y de su misión compasiva y salvadora hacia los más necesitados de su tiempo:

---

[87] Creo que debemos insistir en la importancia de modelar la fe a nuestros discípulos. Si para Jesús esto fue un principio pedagógico; para nosotros es la manera más plena y coherente de imitar el quehacer ministerial de Jesús.

"Sabiendo Jesús que el Padre le había dado todas las cosas en las manos, y que había salido, y a Dios iba" (Juan 13:3).

La humildad en Jesús no era ingenuidad, sino el conocimiento enriquecido de una realidad que percibe en los demás y en él mismo. La humildad en Jesús no venía de la soberbia, ya que la soberbia es sólo una inoperante, tóxica e infértil postura, incapaz de generar acciones justas. La humildad de Jesús no era la resignación ante la penuria que no podía mirar ni soportar, sino la actitud pastoral de transformar todo ese dolor que podía plenamente observar. La humildad de Jesús no era fruto del temor, sino de una misión enriquecida por la vida y el amor que echa fuera todo el temor.

5.3. Una virtud excelsa.

Si la humildad te inspira a tener una perspectiva de tu existir prudente y solidario, entonces has sido cautivado por una virtud excelsa. La humildad te adecua en el centro del sentido correcto de la vida fortaleciéndote en total plenitud, sea cual sea la situación que estés enfrentando. Ser humildes ante el éxito o el fracaso; ante la enfermedad temida o la salud consolidada. Ser humildes ante el infortunio o los satisfactorios aciertos; ante las limitaciones o la consolidación de las metas, es haber hallado el verdadero sentido de lo pleno y la condición idónea para enfrentar de la manera más coherente y eficaz, cada dimensión de la vida.

La excelsitud de la humildad viene también de la tonalidad de virtudes que la acompañan. La virtud de la humildad, no es sino la suma de otras virtudes que la embellecen. Por ejemplo, el amor al verse libre para expresarse, puede dar a luz otras grandiosas virtudes, porque el que ama puede dar de manera libre y auténtica otros bellos atributos y generosidades. De igual manera, la humildad es generadora de otras virtudes que escoltan su esplendor. Que bien se ve la humildad, en la vida de los que intentamos mantenernos en el proceso más importante, y a la vez difícil de nuestra espiritualidad cristiana; el proceso de imitar la calidad humana y ministerial de Jesús[88].

---

88 Los que venimos de la tradición Pentecostal, a menudo veíamos en algunos sectores una marcada y desmedida idea de que tu forma de presentarte (desde tu vestir, tus ademanes y hasta tu estilo de hablar), reflejaba de alguna manera tu santidad. Si bien es cierto, lo que proyectamos deja ver algo de nuestra interioridad, sin embargo, lo estético al final es una realidad temporal e incluso artificial. Entendemos que no todas las tradiciones pentecostales sostenían esta hermenéutica. Las comunidades más abiertas a la educación teológica y a las buenas relaciones con otras confesiones cristianas, sostenían más bien una rica espiritualidad cristiana pentecostal donde ser como Cristo es su mayor búsqueda.

Humildad

La humildad ha de imaginarse fructífera y llena de acciones bondadosas donde su indumentaria nunca es escaza. Como el amor, la humildad genera todo tipo de virtudes ennoblecidas y los estados emocionales más satisfactorios como la paciencia, la fidelidad o la maravillosa bondad. También podríamos nombrar otras virtudes como la frugalidad, prudencia y la gentileza. Estas virtudes y muchas más nacen en el nido de la humildad.

Jesús nunca dudó el compartir con otros su estado de pleno gozo. El compartía todo con aquellos que se acercaban a él con total disposición a escuchar sus palabras y seguir su consejo. La humildad de Jesús genera la dicha de vivir en plena libertad y seguridad todas las experiencias de la vida, y era justamente eso lo que experimentaban aquellos que se acercaban a Jesús. Es interesante que la experiencia de transformación y libertad que uno vive en Jesús, debe resultar en una vida iluminada y renacida, donde la humildad es uno de sus bellos destellos. Pero si hay soberbia, esto sólo sería la sombra de una inauténtica espiritualidad y relación con Cristo. Lo señalo así, aun sabiendo que para muchos la soberbia es como una virtud que impulsa a las personas hacia una vida más realizada. Es probable que muchos logren alcanzar algo a través de la senda de la soberbia, sin embargo, aún en la cima de los logros no podrán experimentar lo que la senda de la humildad concibe; una vida más plena, feliz y solidaria.

Jesús no nos exige ser humildes, más bien nos llama primeramente a vislumbrar la belleza de esta virtud en él. No podríamos ser seducidos hacia la humildad, sino la vemos reflejada consecuentemente en otros. La humildad irradiada y modelada es la que deslumbra e invita a vivirla. La humildad no es una virtud que Jesús simplemente quería enseñar, más bien la modeló para dejar que su esplendidez y la elegancia de sus acciones nos invitara a vivirla[89].

Nuestro servicio y liderazgo deben encontrarse con la magnanimidad de la humildad. El camino que propone no debe ser una opción protocolar o parte de esas posturas artificiales que se fabrican según la ocasión. Para algunos es muy fácil disimular la empatía, la sensibilidad e incluso la afinidad, sabiendo que al final sólo han movido

---

[89] Recuerdo una pregunta que me hicieron en un evento con líderes de adolescente: ¿Qué diferencia hay entre la habilidad y la virtud? Quizás ha sido una de las preguntas más curiosas que he recibido. Lo que señalé y sigo en la misma reflexión, es que la habilidad tiene que ver mayormente con las aptitudes y la virtud con las actitudes. Hay adolescentes con aptitudes artísticas, otros deportivas e incluso están las intelectuales. Uno puede enseñar o estimular una aptitud, sin embargo, para desarrollar una virtud se debe considerar un proceso que va requerir un compromiso vivencial de parte del líder, ya que no sólo se debe enseñarla, sino que además se tendrá que modelarla. Puedo tener nociones muy básicas y así lograr enseñar una habilidad, pero debo comprometer mi vida entera para construir en otros una virtud.

el artificio de la conveniencia y los protocolos simplones. La humildad artificial, efímera y circunstancial fácilmente se percibe y rotundamente se rechaza, porque deja al descubierto la ilegitimidad de un liderazgo que pretende ser auténtico, empático y fiel al espíritu de Cristo, pero en el fondo lo carcome su jactancia.

La humildad no nos hace grandes, sino loables. No nos deja en el zócalo más alto y vistoso, sino al final de la fila donde podemos conectarnos mejor con los menos beneficiados. No nos hace los famosos de algún sistema vano, pero si notorios para los que buscan autenticidad. No nos pone en el centro de la atención, sino en la periferia olvidada para estar más cercano a los defraudados y abandonados.

El camino de la humildad siempre te expondrá a las vivencias más significativas y las realizaciones más plenas, porque te conecta con la vida tal cual es y tal cual se vive. De lo contrario, sería tomar el camino de la soberbia donde estaríamos permanentemente esclavo de los maquillajes escénicos. Es muy costoso para la vida mantener la soberbia. No sólo afecta el alma, también daña el vigor y tus fuerzas. La humildad es refrigerio para el alma, pero la soberbia una de las cargas más pesadas y violentas.

En el ejercicio de la humildad, las acciones se ven engrandecidas y las motivaciones límpidas. Sin duda, el mejor antídoto para una cultura de narcisos llenos de autopromociones y autoelogios, es justamente la humildad. Esta notable virtud aterriza la conciencia a la cordura, a la prudencia y una renovada razón de si mismo. Para aquel que transita la vereda de la humildad, le dará lo mismo si hay o no el reconocimiento debido a su acción. Si bien es cierto, es muy placentero cuando recibimos un debido reconocimiento. Pero esto no debe ser ni la fuente ni mucho menos el principal estímulo para sentirnos plenamente dichosos y satisfechos. La alegría de servir siempre antecede al reconocimiento. La humildad produce gozo pleno, no por la posibilidad de que tu acción será destacada, sino por el simple hecho de haberte dispuesto a servir, amar y dar lo mejor de tu virtud a Dios y al prójimo.

5.4. La humildad como virtud esencial en el mesianismo de Isaías

Jesús entra en el escenario de la historia humana y despide su jornada de la vida y ministerio en plena mansedumbre y humildad. Note como Isaías ya había descrito plenamente la belleza de esta notable mansedumbre en el mesías: *"Angustiado él, y afligido, no abrió su boca: como cordero fue llevado al matadero; y como oveja delante de*

Humildad

sus trasquiladores, enmudeció, y no abrió su boca" (Isaías 53:7). Esta misma comprensión tan enriquecida de la humildad de Jesús, también lo expone el apóstol Pablo al decir: *"(6) El cual, siendo en forma de Dios, no estimó el ser igual a Dios como cosa a que aferrarse, (7) sino que se despojó a sí mismo, tomando forma de siervo, hecho semejante a los hombres"* (Filipenses 2:6-7). Tanto Isaías que embellece el texto a través del poema y las metáforas pastoriles, y Pablo que deja descubierto el misterio del despojo, ponen de relieve la disposición humilde de Jesús como verdadero mesías, asumiendo un transitar lleno de limitaciones y sacrificios[90].

Note en el verso citado de Isaías el detalle de resaltar en tres ocasiones el silencio del mesías (53:7). El silencio en el verso no es un dato menor, sino central del texto. Considerando la brutalidad y la severidad de las aflicciones que recibió, el hecho de profetizar que el mesías guardará silencio, habla de su naturaleza mansa como la más radical forma de vivir su auténtica misión. Fue el silencio una forma de total serenidad y valor para enfrentar horizontalmente la ira y la injusticia de los hombres. Jesús en su silencio demostró su libertad y longanimidad, a diferencia de sus acusadores que en su griterío dejaban ver sus más profundas prisiones.

El hecho de que Jesús guardara silencio, no significó que carecía de palabras o de un mensaje. Más bien, fue en ese silencio donde su mensaje alcanzó su mayor presencia e impacto. En Jesús, el guardar silencio significó una forma más de trasmitir su poderosa buena nueva. Él opta por la senda de la mudez, no por miedo o por estar resignado a lo que ve, sino porque en el silencio encuentra el más virtuoso acto de resistencia. Su silencio no fue señal de temor, sino de temple y valor ante las autoridades opresoras que anhelaban su sufrimiento y muerte. Jesús no se defendió ni articuló algún argumento para salir ileso de las graves acusaciones, sino que opta por enmudecer, disponiéndose completamente a la ira de los hombres y a sus vociferantes mentiras. Guardó silencio con el fin de dejar que su delirante mitomanía construyera el nefasto escenario al que Jesús se entregó voluntariamente.

---

[90] Entre el profeta Isaías y el apóstol Pablo hay aproximadamente 8 siglos de diferencia. Aun así, el tema del mesías entre los dos escritores tiene una consistencia lógica y coherente. Esta progresiva conexión es una notable característica en toda la Escritura. Los que hemos enseñado cristología, entendemos que el mesianismo de Isaías y la cristología de Pablo, son parte fundamental en la base teológica de la Doctrina de Cristo. El siervo sufriente de Isaías 53, es una exposición que relata el compromiso sacrificial del enviado del Señor. Por su parte, Pablo desarrolla el contenido del Evangelio a partir de los eventos de la muerte y resurrección de Cristo, conforme a Isaías y al resto de los profetas del Antiguo Testamento (1 Corintios 15:3-4).

En relación a la mansedumbre del mesías en la teología de Isaías, cabe señalar lo lejano que estaban la mayoría de las lecturas e interpretaciones mesiánicas sobre la verdadera identidad del enviado del Señor. Por ejemplo, la teología de los zelotes que estaba lejos de la visión profética del Antiguo Testamento (por lo menos de Isaías y los Salmos), era una teología mesiánica que anunciaba a un mesías insurrecto y con una clara militancia hacia la rebelión. Ellos sostenían una verdadera teología de la violencia, donde no se guarda silencio ni ante la más mínima opresión. Toda esa idea de lucha contrastó con la teología de la resistencia en Jesús, donde el silencio era una de sus formas de lucha[91].

Sin duda, Jesús alzó la voz en muchos pasajes de su vida y en algunos momentos tomó la actitud más firme y desafiante. Sin embargo, nunca la violencia hacia el prójimo fue parte de esa acción. La teología de la resistencia en el silencio de Jesús no era negacionismo, indiferencia, incertidumbre ni mucho menos resignación. En realidad, él guardó silencio para con su propia integridad. El optó este camino en el momento final de su ministerio. Defendió a otros, pero nunca defendió su propia vida. Buscó el bienestar de otros, pero no su bienestar. Alzo la voz por otros, pero para su propia justicia guardó silencio.

En los tiempos de Jesús, existían otras lecturas que hablaban de un mesías aristócrata. Muy devoto de las tradiciones interpretativas de la ley. Otros imaginaban un mesías liberal y con una clara política tolerante hacia el imperio opresor. En este menú de mesianismos, se encontraba en su raíz un profundo distanciamiento hermenéutico con las profecías mesiánicas. Ninguna de esas hermenéuticas mesiánicas interpretaba debidamente la voz profética del Antiguo Testamento. Un mesías aristócrata o profundamente revolucionario, se distanciaba igual de la figura humilde y sufriente del mesías en Isaías. El mesías de las profecías mesiánicas no nacería en cuna aristocrática ni se encumbraría desde algunos apoyos políticos religiosos de Jerusalén. El mesías de Isaías sería manso y humilde. Vendría de la periferia social, llevando sobre si las marcas de la injusticia que en su ministerio denunciaría.

---

[91] No es fácil para algunos entender la tesis de Jesús sobre el silencio como resistencia y lucha. Muchos la rechazan porque la imaginan como una forma irresponsable de enajenarse de la realidad. *¡El silencio es negacionismo y complicidad!* Señaló con particular aclamación, un joven cuando les pregunte a un grupo de estudiantes del seminario sobre la posibilidad de trasmitir un mensaje, pero sin la necesidad de articular palabras. Sin duda, comprendí perfectamente el entusiasmo de aquel estudiante, pero a la vez me frustré porque me di cuenta que no había entendido la importancia de considerar formas de lucha a partir del silencio y no sólo desde la voz alzada. La propuesta no era el silencio como el acto de enajenarnos y desaparecer, sino el tratar de pensar en una metáfora, una imagen o un acto donde no se articulen palabras, sino imágenes como verdaderos íconos y representaciones de la misión liberadora de Jesús.

Jesús alzó su voz como profeta para denunciar la injusticia de los hombres. Fue una voz para los olvidados y abandonados.

Jesús fue humilde ante las limitaciones propias de esa humanidad que encarnó. Fue humilde ante el sufrimiento, las limitaciones humanas que asumió en la encarnación y ante la amarga experiencia de ser negado e incluso maldecido por uno de sus cercanos. También fue humilde ante la ira y la crueldad de sus verdugos, y ante la tormentosa muerte de cruz decidió caminar sin presentar ni la más mínima resistencia. La humildad de Jesús no fue un mero distintivo o una postura eventual o casi accidental; más bien, es la esencia de su naturaleza divina y una postura auténtica que interpretó perfectamente la teología de Isaías.

La bella metáfora del cordero es la mejor forma de presentar a Jesús dándose humildemente en la cruz del calvario. En el contexto judío antiguo el cordero era un animal para el sacrificio, y no hay otra manera de imaginar a Jesús como ese cordero litúrgico destinado como ofrenda. El cordero representa la mansedumbre, la total humildad, docilidad y obediencia a la voluntad de Dios. Son varios los cánticos que el libro de Isaías nos deja ver el escenario devastador que tendría que padecer el mesías. Pero en todos esos himnos del siervo del Señor que sufre, la figura del cordero humilde está en el centro de su prosa.

Jesús nos enseñó como verdadero mesías, que la vida se ve más llevadera cuando la enfrentamos con humildad. Es mucho más fructífera nuestra labor ministerial, cuando tenemos como prioridad el bien de los demás. Hay menos tensión y ansiedad cuando asumimos los desafíos con la actitud más dócil. Esto significa, que no debemos adjudicarnos ningún tipo de capacidad innata a la hora de cumplir la misión de Dios. Recordemos que sin su respaldo total es imposible realizar la misión.

5.5. La humildad, un principio de la auténtica diaconía

Cuando pensamos en la humildad como principio diaconal, ya la imaginamos como esa virtud necesaria para permitir que el servicio hacia los demás se viva desde la total libertad, alegría y desbordante generosidad[92]. El auténtico diaconado humilde es desinteresado, donde en la raíz y en el fin último de su acción, está el buscar el beneficio completo del prójimo. La humildad hace del servidor, un instrumento

---

[92] Siempre enfatizo en mis charlas de liderazgo que la humildad tiene en el servicio su mayor presentación. Un servicio nunca mediocre, de lo contrario no sería concebido desde la humildad. Pero la que nace de esta bella virtud, es un servicio sensible, solidario y de notable excelencia. Además, este servicio no se diluye en el tiempo, sino que tiene la motivación suprema de mantenerse, no perdiendo en su constante entrega la calidad misma de su quehacer.

de Dios que busca el bien de aquel que está siendo servido. Pero cuando el servidor alimenta el delirio de su petulancia, entonces ya no es un instrumento de amor para el que está siendo servido, sino el que lo está instrumentalizando. Cuantos ministros y líderes han caído en la ficción de ya no ser un instrumento, sino los que están manipulando los momentos, las oportunidades e incluso a las personas, teniendo entre cejas la búsqueda de su propia pompa.

El ejemplo magistral de un auténtico y humilde servicio que se dio tanto en su proceso y como en su fin último, fue el proceso encarnacional del *logos* de Dios. La encarnación obedeció a una acción amorosa y solidaria de la deidad, hacia la existencia de los hombres que estaba perdida en su penuria y desesperanza. Es un verdadero misterio la dinámica de cómo se da este proceso, sin embargo, para nada es desconocido el hecho de saber que es el amor la esencia misma de este advenimiento. El *logos* transitó empáticamente la vía de los vulnerables y de los necesitados. El amor no lo llevó simplemente a identificarse o tomar apariencia de carne, más bien lo encaminó a sumergirse en la profunda existencia misma del ser humano. Por amor participó del pan amargo y de la pesada desventura, como condición propia de la naturaleza humana. Sin duda, que la encarnación es uno de los escenarios revelados, donde es mayor el misterio que lo sostiene. Sin embargo, es nítido e inconfundible apreciar que esta operación nace de la disposición humilde del *logos* por despojarse de la magnificencia y trascendencia del existir divino, con el fin de asumir con amor solidario la limitación y finitud del existir humano.

El ministerio y liderazgo presente que se identifica plenamente con Jesús y su modelo de compromiso pastoral, debe consolidar su distintivo ministerial auténtico, natural y permanente en el camino de la humildad. Jesús tuvo siempre en mente a las personas, y sea cual haya sido su estrato, él estaba dispuesto a darse sin reservas por el bien de ellos. En esta disposición, no hay nada que haya limitado su acercamiento solidario ni haya condicionado su favor. Independientemente quienes eran o cual era su condición, Jesús se daba sin miramiento hacia ellos en total amor, servicio y solidaridad.

Por lo tanto, Jesús tenía esa virtud humilde para liberar su servicio de todo prejuicio y condicionamiento. La humildad lo liberó para darse sin reservas a los que necesitaban de su bien. Nunca se sintió dubitativo ni mucho menos temeroso para expresar con ternura sus maravillosos dones. Aunque sabía muy bien, que los escenarios no siempre sería los mejores y que el afecto del pueblo en su momento cambiaría de un *hosanna a un crucifíquenle* (Mateo 21:9 y Marcos 15:11-15). Aun así, se dio como buen pastor a los que el llamó: *"...ovejas que no tienen pastor"* (Mateo 9:36). La humildad como un principio virtuoso de la verdadera diaconía, hace del amor abnegado, la paciencia y la sensibilidad, vivencias nunca parciales ni accidentales, sino plenas, íntegras, permanentes e intensas. Jesús fue intenso en cada detalle de su servicio amoroso. Nunca realizó un acto a medias ni superficial. Él nada dejó sin concluir, sino que todo lo llevó hasta decir: *"...consumado es..."* (Juan 19:30).

La humildad como principio de la verdadera diaconía, hace que nuestra disposición al servicio experimente las más supremas y nobles motivaciones. La humildad estimula el fervor para hacer la obra de Dios de la mejor manera. Nuestros ministerios empiezan a girar alrededor de las personas y no de las cosas. Pero lamentablemente hay muchos ejemplos de modelos de liderazgo que han cosificado incluso las relaciones interpersonales. Todo gira alrededor de números, estadísticas y logros institucionales, pero el desarrollo humano de talentos y la revitalización interna de la comunidad están fuera del interés de estos modelos. No cabe duda, que debemos extendernos y lograr los objetivos, pero olvidarse de la consolidación de lo que ya tenemos y el fortalecimiento de las dinámicas interpersonales, dañará la base y la interconexión. Lo planteo así, porque a menudo vemos en las denominaciones un esfuerzo y una considerable inversión por plantar nuevas congregaciones, a diferencia de la inversión casi mínima que se ofrece por la revitalización de las congregaciones ya existentes[93].

Nuestros modelos de plantación de iglesias, deben recordar la manera de cómo Jesús desarrolló y potenció su movimiento. Cuando Jesús le dijo a sus discípulos: *"Ya no os llamaré siervos, porque el siervo no sabe lo que hace su señor; pero os he llamado amigos, porque todas las cosas que oí de mi Padre, os las he dado a conocer"* (Juan 15:15), estaba demostrando que no sólo le interesaba alcanzar los grandes objetivos, sino que también el fortalecer una cultura de relaciones abiertas, transparentes y profundamente afectivas. Sin duda,

---

[93] Creo en la revitalización de nuestras comunidades ya establecidas, no sólo porque he estudiado su importancia, sino porque además he tenido la dicha de ayudar a congregaciones amigas en estas áreas. Tengo gratos recuerdos del apoyo dado en la consolidación y revitalización bíblico teológico de líderes en formación. Algunas de las congregaciones donde desarrollamos un trabajo a largo plazo fueron la naciente Iglesia de Dios en Livermore, pastoreada por su fundador el pastor Juan Carlos Bixcul. También, en la Iglesia Jesús es la Respuesta de la ciudad de Oakland, pastoreada por sus fundadores Santiago y Delia Guitrón, desarrollamos un proceso educativo que abarcó cerca de 10 bellos años. Otra congregación que he tenido la dicha de apoyar hasta el presente, es la Iglesia Puente de Fe en Hayward, dirigida por los pastores Delmar y Karen Mendoza. En todas estas congregaciones, el trabajo ha sido consolidar y revitalizar al liderazgo en tres áreas importantes; Entender la naturaleza bíblica de su llamado, consolidar la base bíblica y teológica de su liderazgo y desarrollar una ética ministerial sólida y actualizada. Guardo un gran aprecio por dichos pastores y una gran satisfacción por haber contribuido a la consolidación de su liderazgo.

Jesús estaba muy interesado en formar nuevas comunidades de discípulos. Pero primeramente le era vital la consolidación de la comunidad ya existente. Él sabía que fortaleciendo la base garantizaba el desarrollo y el éxito de todo lo que vendría después.

6

CREDIBILIDAD

"Cuando Jesús terminó de hablar, toda la gente estaba admirada de cómo les enseñaba, porque lo hacía con PLENA AUTORIDAD, y no como sus maestros de la ley"
(Mateo 7:28-29, versión DHH Dios Habla Hoy)

6.1. El valor de la credibilidad

¿Cuán valiosa es la credibilidad? Basta con preguntarle aquel político que por la falta de dicha virtud perdió un escaño en el senado; o a la autoridad de gobierno, que por corrupción quedó inhabilitado de por vida de su tan lucrativo trabajo. Qué decir del religioso, que por faltar a la moral es expulsado de sus oficios sagrados; o aquel que presumió de amor, lo perdió todo por deshonrar sus votos. Sin duda que ellos y tantos otros casos, han constatado de la manera más dolorosa y vergonzosa, la importancia de ser creíbles. Mantener la credibilidad es mantener no sólo la confianza hacia lo que podemos ofrecer, sino también hacia lo que verdaderamente proyectamos como persona.

La credibilidad es una virtud valiosa, ya que tiene como base la verdad como contenido de lo que uno es. También tiene la honestidad como la base moral de lo que uno verdaderamente proyecta y hace. La verdad y la honestidad son valores imprescindibles, que ante el descuido de estos significaría la perdida de toda credibilidad. No sólo se daña una imagen, también se daña el ejercicio mismo de alguna función y probablemente el privilegio de desarrollar en plena libertad las oportunidades que se tiene. Cuando la credibilidad está ausente en la vida de las personas, especialmente en la vida de líderes y ministros de confesiones de fe, ya no se tiene la capacidad de liderar ni mucho menos de inspirar. Ante esto, algunos toman desesperadamente el mal camino de la manipulación, y en algunos casos extremos el camino de la coerción. Debido a que ya no son capaces de inspirar e influenciar, se termina usando el nivel más bajo del abuso que es la intimidación. Generalmente los líderes autoritarios, no han sido capaces de cultivar la honestidad ni mucho menos la verdad a nivel de imagen y mensaje, por el contrario, han desarrollado lo inconsecuente y el constante incumplimiento de principio éticos muy básicos como la veracidad, solidaridad y fidelidad[94].

La credibilidad es esa virtud que da la impresión que está en vías de extinción. Las personas, cada día son menos confiables y sus palabras paulatinamente van careciendo de garantías válidas. Debido a esta incertidumbre, todos de alguna manera somos mirados con sospecha. No es suficiente con decir que eres confiable. Se necesitará algo más para contar con la plena confianza en tu persona. Por ejemplo, en el mundo de los negocios no basta decir *te lo prometo* ante alguna transacción, intercambio o préstamo. Por el contrario, tendrás que firmar un sinnúmero de papeles, poner como garante a otras personas y dar un anticipo para recién gozar de algunos bienes y servicios. La verdad, es que la credibilidad abarca la totalidad de lo que somos y lo que hacemos. Entiendo que construir y mantener la credibilidad requiere de esfuerzo y compromiso constante, pero basta sólo un descuido ingenuo o irresponsable para verla desplomarse en un instante.

Definitivamente hay crisis de credibilidad, porque hay crisis con el compromiso que debemos asumir hacia la verdad y la honestidad. Cuando hablo de la verdad, hablo de esa suma de valores y principios que orientan la vida hacia el bien personal y hacia la buena convivencia con el prójimo. No tenemos problemas para enumerar algunas de estas virtudes, ya que fácilmente las reconocemos, las definimos y comprendemos su alcance. En realidad, el problema que tenemos como sociedad es en el poco compromiso que hay de vivir y desarrollar dichos principios y valores. Somos una sociedad con más apertura intelectual, pero aun así tenemos dificultad para llevar a la vida diaria lo que bien definimos. Hoy abundan los grandes discursos de famosos de Hollywood que hasta nos estremecen el alma con su galante verborrea,

---

94 Considero de suma importancia tomar consciencia de la necesidad de percibir y reconocer cualquier imagen autoritaria que requiera ser desarraigada de nuestro quehacer ministerial. El descuido del principio de la credibilidad es un problema conductual y logístico, y también, un problema profundamente moral que erosiona nuestras relaciones interpersonales. La falta de coherencia, claridad financiera y de una moralidad definida, no sólo afecta una realidad puntual y temporal en nuestro ministerio; también afecta, la confianza con las nuevas generaciones que han aprendido a evaluar la honorabilidad pastoral de muchos ministros.

pero al final esos discursos a menudo escritos por otros, y que son previamente aprendidos y ensayados, no resultan en un compromiso evidente con aquello que dicen defender. Otros definitivamente no viven de acuerdo al mensaje que trasmiten. Nadie duda de que somos una generación más rica en cultura global, como tampoco nadie niega, que a veces como sociedad ofrecemos poco aporte y poco resultado. Parece que cada vez nuestra sociedad pierde credibilidad por la falta de disposición hacia la verdad y la honestidad.

En la antigüedad, la palabra de una persona tenía un gran peso moral. Bastaba escuchar *te doy mi palabra*, para depositar toda la confianza en dicha persona. Pero esto no se daba de manera natural. Tenía que haber una serie de hechos que autentificaban la calidad de dicha persona. Se debía procurar celosamente el compromiso de lo prometido. Ser fiel y amar lo verdadero, ya que podías perder algunas cosas, pero nunca la dignidad de tus palabras. En el presente, algunos no están conscientes de la importancia de mantener una palabra. No les incomoda el incumplimiento y la falta de congruencia. No les importa ser o no creíbles, sino hasta que sienten el deterioro de los vínculos significativos y el cuestionamiento a su supuesta honestidad, debido a la falta de credibilidad. Un líder o ministro que no ha desarrollado dicha cualidad, se verá tarde o temprano con la imposibilidad de mantener los niveles óptimos de confianza.

La credibilidad le da sostén a las relaciones que mantenemos con los demás. Estimula relaciones significativas y fortalece los niveles de confianza. Mayormente, si la verdad es también enriquecida desde el amor y la humildad, con mucha más razón nuestras relaciones y dinámicas interpersonales se verán amistosas, productivas y perdurables.

6.2. La credibilidad de Jesús

Lo que trasmitía Jesús a las multitudes era maravillosamente auténtico y poderosamente creíble[95]. Sus palabras llenas de autenticidad direccionaron y liberaron a los que con corazón abierto le escuchaban. Jesús fue un excelente comunicador persuasivo, donde su mensaje hacía tanto eco que era imposible no soñar con esa realidad posible y bienaventurada que constantemente exponía. Asertividad total, ya que

---

95 Jesús llevó la virtud de la credibilidad a su máxima belleza y expresión. Él era creíble, porque lo que decía era puro y verdadero. Jesús siempre se mostró auténtico, y pudo con total capacidad mantener ese nivel de virtud hasta el final de sus días. Hoy existen ministros que se pierden en el personaje público que han creado, pero descuidan al que verdaderamente vive el día a día. Este descuido tarde o temprano queda al descubierto, porque su base es frágil, inauténtica y artificial.

provocaba precisamente esas sensaciones de bienestar, paz y esperanza, desde el inicio de la conversación. Jesús también fue un comunicador inteligente que para apreciar toda su eficacia comunicacional debemos reconocer que no sólo sus palabras comunicaban la buena nueva, sino que su mirada, sus silencios, su sonrisa cristalina y sus espontáneos toques de afecto también transmitían un inagotable mensaje de amor divino. Ante la invitación de Jesús, de dejarse llevar por un camino más excelente, sus oyentes sin prejuicio ni temor alguno terminaban abandonándose en sus brazos amorosos.

Por otro lado, tenemos la parte incomoda del mensaje de Jesús que inevitablemente interpelaba la interioridad de sus seguidores. El mensaje de Jesús, sostuvo tanta credibilidad que se transformó en un mensaje que confrontaba los lados más oscuros del carácter de sus oyentes. En algunos momentos, era muy incómodo escuchar a Jesús, pero al final siempre era deleitoso descubrir la verdad que proponía. Aunque las palabras fueran duras, sin embargo, las personas le escuchaban con esa agonía que experimenta el sediento. Le seguían con su ser abierto, ya que estaban convencidos de que él no era un palabrero más, sino un mensajero creíble y que la única motivación que tenía, era de llevarlos a la plena y auténtica libertad.

Nadie dudaba del mensaje de Jesús y del poder transformador de sus palabras. Basta sólo con analizar el caso de Zaqueo para darse cuenta como Jesús con su mensaje despejó las tinieblas de este publicano, persuadiéndolo no sólo a considerar un cambio de vida, sino también a enmendar inmediatamente el mal y el gran daño que había provocado (Lucas 19:8). Definitivamente el discurso de Jesús y su vida misma no podían ser resistido, ya que lo que él representaba era notablemente puro y fuera del encuadre inconsecuente del inoperante sistema religioso. Los del templo trasmitieron un mensaje poco creíble, y el pueblo sin miramientos hizo evidente su rechazo y cuestionamiento. Tanto los ministros como su mensaje palabrero estaban en tela de juicio, porque el contenido de sus palabras y acciones no encaminaban al pueblo a ser libre, sino que agudizaban su abandono, su vacío y su oprobio. Pero a diferencia de estos inconsecuentes religiosos, a Jesús no le fue ajeno ni mucho menos indiferente esta realidad sufriente del pueblo. Al contrario, él se comprometió a revertir el gran daño que se había producido: *"Y al ver las multitudes, tuvo compasión de ellas; porque estaban desamparadas y dispersas como ovejas que no tienen pastor"* (Mateo 9:36).

Jesús no sólo los hacía soñar con lo que decía, también los convencía insistiendo que las cosas en él serían posible. Su mensaje no era de simples quimeras llenas de melancolía y auto conmiseración. No se

Credibilidad

avizoraba una simple utopía bien intencionada y articulada, ni tampoco se daban esas palabras romantizadas que sólo palmotean la espalda, pero que nunca llegan al corazón ni mucho menos se hacen reales. Jesús era real en todo el sentido amplio de la palabra, y en él las personas imaginaban la esperanza. Él es la palabra del día a día. El verdadero pan diario leudado con amor y esperanza.

En el presente donde abundan las acciones artificiales, esas que buscan la notoriedad, la estética y la puesta en escena, debemos encontrarnos nuevamente con lo que es real tanto en su forma y su fondo. Acciones auténticas que representen verdaderamente el Evangelio[96]. Ese modelo de parroquia dominguera, encerrada sólo en la estética del discurso de púlpito y de la liturgia bien elaborada, pero nunca presente en la cotidianidad de la vida de las personas, está muy lejos de representar ni en el más mínimo detalle el modelo ministerial de Jesús.

En medio de zalamerías donde la instrumentalización y el aprovechamiento son un verdadero mal hábito. Donde las simplonas ideas bien articuladas son las más escuchadas, siendo varias de ellas bastante cuestionables. En medio de la bien elaborada retórica que abunda en nuestros modelos y sistemas eclesiásticos. Donde se hacen declaraciones empáticas para con los más vulnerables y necesitados, pero en la práctica simplemente se abandona el acto justo, en el nombre de algún dogma institucional mal interpretado. En medio de todo ese mal hábito religioso, el verdadero ministro y líder de Dios, debe superar y trascender para encontrarse con la responsabilidad de hacer siempre el bien.

Jesús que siempre buscó el derecho, nunca fue un adulón de palabras muy bien elaboradas ni devoto de ese dogma vacío de una hermenéutica esperanzadora. Tampoco fue un populachero vendedor de falacias. Jesús era un profeta de la verdad, que liberaba con su mensaje de manera completa y permanente. Sus palabras fueron luz para los que habitaban en las sombras, esperanza para los sin mañana, vida para los moribundos y para los rechazados apertura al bien divino. Por lo que era, decía y demostraba, Jesús era íntegramente creíble.

Jesús estableció vínculos genuinos y libres de todo prejuicio. Demostró una total apertura e interés en momentos tan particulares

---

[96] Para algunos le es difícil y casi imposible imaginar que existan ministros demagogos, de malas prácticas y manipuladores. Si bien es cierto, el servicio a Dios debe ser considerado en alta estima y respeto, sin embargo, la actitud irresponsable e inescrupulosa de algunos, ha afectado el aprecio que muchos le tienen al ministerio. Todo esto se corregiría si se tomara con obligatoriedad la vida y ministerio de Jesús como un modelo a seguir. En el modelo de Jesús nos encontraríamos con el verdadero servicio ministerial auténtico, abnegado y transformador.

como en la conversación privada que tuvo con el fariseo Nicodemo. Comprensión y sensibilidad en su acercamiento con la estigmatizada samaritana. Tolerancia y misericordia hacia el odiado Zaqueo. Amor y humildad ante Judas Iscariote que lo estaba entregando; y un notable interés de llegar al corazón de aquel piadoso joven rico. En todas estas experiencias y en otras que podríamos resaltar, Jesús demostró mucho afecto en su acción, en sus palabras y en la motivación misma de ellas. Él trabajó y cuidó su notable nivel de credibilidad. Para él era una necesidad ser confiable, es por eso que fue cuidadoso no sólo en dar lo que necesitaban recibir, sino también en proveer las condiciones idóneas para que dicho mensaje llegara al corazón, sin sufrir el más mínimo obstáculo[97].

En los tiempos de Jesús había tantas voces que señalaban diversos caminos. Recordemos que el nivel de analfabetismo en los tiempos de Jesús era altísimo, y para llevar las enseñanzas morales y espirituales de la *Torá* a las personas, se debían trasmitirlas mayormente de manera oral. Israel siempre fue un pueblo de trasmisión oral. Para ellos estar atentos a las voces era sumamente vital, ya que el escuchar era una forma de mantener vivo las tradiciones, su historia y las verdades presentes que los impulsaba hacia el futuro. Una voz siempre era una autoridad entre el pueblo, y Jesús entre ellos fue un *raboní* (maestro), donde su voz debía oírse y anidarse en los corazones de aquellos que le seguían, le escuchaban y creían en él. Pero Jesús no fue una de tantas voces, más bien era la voz creíble de Dios. Jesús nunca presumió ser mejor que los demás, pero si dejo en claro que sus palabras eran la verdad: *"(31) Dijo entonces Jesús a los judíos que habían creído en él: Si vosotros permaneciereis en mi palabra, seréis verdaderamente mis discípulos; (32) y conoceréis la verdad, y la verdad os hará libres"* (Juan 8:31-32). Interesante como este pasaje realza la credibilidad en el mensaje de Jesús, que resulta en un proyecto de verdadera libertad para todos aquellos que antes y después hemos creído y amado sus palabras.

6.3. Hacia una ontología consecuente

Cuando hablo de ontología, estoy pensando en el ser de Jesús en su sentido más íntimo e íntegro. A diferencia de lo que llamaríamos su existencia como su notoriedad pública. En estas dos áreas, tanto en lo

---

[97] Es muy importante sostener que el descuido de nuestra credibilidad, no sólo dañará nuestra imagen personal, sino también el testimonio mismo de la bondad del Evangelio y la credibilidad del mensaje de la Iglesia como cuerpo de Cristo. La credibilidad de lo que somos (ministros) esta íntimamente relacionada con la credibilidad de lo que representamos (Evangelio).

Credibilidad

íntimo como en lo público, Jesús fue consistente. Tanto en su ser íntimo como en el vivir público, no hubo ninguna inconsecuencia ni mucho menos incoherencia. Así de íntegro fue Jesús, que el atractivo de su ser justamente tenía que ver con la evidente armonía entre lo que él era, decía y hacía. Jesús también tuvo una imagen avasalladoramente carismática, donde la autenticidad de su espiritualidad resultaba en un peso de credibilidad religiosa, donde lo divino en él era una realidad tan evidente. La presencia de la plenitud de la deidad en él, no era intermitente ni mucho menos indefinida, sino que era una realidad cotidiana, siendo Cristo mismo la imagen misma de esa presencia sublime (Colosenses 1:15). Esta bella contemplación de lo divino y humano en Jesús, no se compara para nada con la imagen teatrera de los religiosos de su tiempo que, para mantener el estatus de siervos de Dios, vivían creando imágenes de sí mismo llenas de disimulos y falacias[98].

En Jesús su mensaje y sus vivencias diarias estaban íntimamente ligadas, como una antología donde no hay imágenes amorfas ni confusas que pudieran haber ensombrecido la belleza de todo lo que representaba su ser. Jesús construyó una perfecta concordia entre las palabras que expresó y la acciones que mostró. Palabra y acción tejidas como una bella prosa, donde lo que decía y lo que vivía se entrelazan formando un poema coherente y atractivo. No hubo dualismo ni mucho menos incongruencia en esa armonía. Es por eso, que no podemos separar el mensaje del mensajero Jesús, ya que están perfectamente absorbidas la una de la otra. Una verdadera encarnación de la voz de Dios en el mensaje, como en la vida misma del mensajero. Jesús es la voz legítima de Dios, una voz que contrastó con la impostora voz de los religiosos del templo. Estos últimos imponían órdenes litúrgicas y cargas insoportables, todo esto en el nombre de la *ley de Yavé*. Pero aún en medio de sus alardes de piedad divina, el pueblo sabía que muchos de ellos no representaban lo divino, sino sus propias ínfulas de poder. Nombraban a Dios en sus acciones, pero en el fondo de su despreciable ser, todo lo hacía en el nombre de su propia auto idolatría.

La vida y ministerio de Jesús eran una verdadera conjunción. Un quehacer ministerial enriquecido, donde los matices doctrinales de su mensaje, se entretejían entre sus palabras y sus acciones. Jesús con autoridad moral habló del amor y vivió el amor. Habló de perdonar al prójimo y él constantemente perdonaba. Invitó a sus oyentes a vivir la

---

98 La falacia de los religiosos del templo radicaba en la incoherencia de sus actos y en la pobre credibilidad de sus palabras. Pero la vida de Jesús y su mensaje era cualitativamente diferente y eficazmente creíble. Jesús no era mentiroso, como tampoco su mensaje en su contenido teológico era una mentira. Sus anuncios nunca fueron vacíos ni de dudosa fuente, sino que estaban sazonadas de la autenticidad divina.

locura de no sólo perdonar sino amar a los enemigos, dándose él como ejemplo, cuando en el epílogo de su ministerio decide abrazar en la cruz la ira de la humanidad. Además, le pide al Padre que perdone a sus verdugos, porque estos últimos no sabían lo que estaban haciendo (Lucas 23:34).

La vida de Jesús, fue una vida llevada a lo más alto del altruismo y la abnegación. Su vida fue ἀγάπη *ágape* en su máxima expresión del desprendimiento, donación y magnanimidad[99]. No hubo doble estándar en la vida y ministerio de Jesús. Tal cual era él en cualquier momento, lugar y ocasión. Su filosofía de vida, tanto en su espacio íntimo como en su ministerio público, fue amar, vivir y compartir la verdad. Esta verdad no era una suma de dogmas o interpretaciones judaicas de la vida. Más bien, la verdad era el conocimiento del amor de Dios y toda la novedad gloriosa del perdón, la transformación y la salvación contenidas en la propuesta del Evangelio. La verdad en el amor tiene su fuerza y el amor en la verdad tiene su gozo (1 Corintios 13:6). El verdadero amor no tiene la necesidad de mentir, es por eso que Jesús nunca tuvo que construir quimeras o artificios. Nunca mintió sobre su vida o sobre el mensaje salvífico del Evangelio. En medio de tantas falacias, esperanzas de papel y mentiras, el mensaje de Jesús debe ser correctamente interpretado en nuestras propias vivencias y en nuestro quehacer pastoral, de manera íntegra y auténtica.

La verdad que predicó Jesús, estaba más allá del saber teológico de las cosas. No consistía sólo en entender a Dios desde lo religioso, sino de conocerle desde la vivencia personal. En este nivel de acercamiento propuesto por Jesús, las vidas eran invitadas a ser protagonistas en el proceso del aprendizaje. No cabe duda, que esta experiencia era completamente innovadora, ya que la verdad no era expuesta como la adquisición de ideas sobre Dios, sino como la actividad de Dios en la vida de aquellos que deseaban conocerle y amarle[100].

Primeramente, La verdad en Jesús nace de un encuentro con Dios, descubriendo en esa vivencia la virtud mayor de la verdad que es el amor eterno: *"Acercaos a Dios, y él se acercará a vosotros..."* (Santiago 4:8); *"En esto consiste el amor: no en que nosotros hayamos amado a Dios, sino en que él nos amó a nosotros..."* (1 Juan 4:10). Con

---

99 ἀγάπη *ágape* es un término griego que significa amor en su máxima expresión de compromiso incondicional y abnegado. Relacionamos el *ágape* con la manera en que Dios nos ha amado y ha dispuesto todo nuestro bien, a través de la persona de Jesucristo.

100 Sabemos que el templo proponía una verdad diferente, y que estaba basada en el conocimiento de las formalidades litúrgicas, donde Dios era una realidad pasiva y el hombre esa parte que trata de descubrir lo divino a través de los ritos y los ceremoniales interminables del templo. Dicha realidad estaba muy lejos de cómo Jesús imaginaba la relación de Dios para con su pueblo.

Credibilidad

esto no estoy restando importancia al conocimiento que debemos desarrollar de Dios, más bien estoy apuntando a lo que a veces dejamos de lado, que es la vivencia cristiana. El conocimiento de la verdad nace de un encuentro con Dios y no tanto por un proceso intelectual. Aunque en el contenido del Evangelio hay un relato histórico que se puede apreciar, sin embargo, nada podría sustituir la importancia de vivir el mensaje transformador de Jesús.

No hablamos de cualquier vivencia, sino de la vivencia modelada por Jesús. Aquella que no nos enajena de la realidad o de las personas. La vivencia que Jesús amó y anunció, estaba íntimamente unida a la libertad total de superar el miedo, para vivir con pleno gozo la amistad para con Dios y los hombres. Esta bella verdad, sigue liberándonos de la condición de ignorancia y de la invalidez de tener comunión y paz con Dios, y para con el resto de la humanidad.

Las personas que vieron y escucharon a Jesús, por las circunstancias que habían vivido y la constante manipulación que experimentaban, muchos de ellos ya estaban muy diestros en reconocer cuando un religioso les estaba mintiendo o instrumentalizando. Carecían de todo bien, sin embargo, podían darse cuenta cuando les hablaba un oportunista o un charlatán. Sabían fácilmente cuando los del templo querían sacar ventaja de su autoridad religiosa. El vivir entre una constante injusticia les había ayudado a la mayoría de ellos, a tener más claridad y discernimiento entre lo falso y lo verdadero. Es por eso, que al conocer a Jesús no dudaron en tener confianza en su persona, ya que fácilmente se dieron cuenta que él era diferente. En Jesús vieron de manera auténtica la verdad, la solidaridad y la apertura al amor del Padre. Por primera vez, escucharon que la libertad no era una retórica más o un credo meramente futurista. En Jesús la libertad se mostró como un proyecto de total liberación en el aquí y en el ahora.

Jesús era consecuente con la misión que le fue encomendada, ya que en el centro de dicha misión estaba el pueblo sufriente. Para Jesús, estar de lado del pueblo era estar de lado de Dios. En esta verdad concluyente, Jesús hizo descansar toda su credibilidad que tenía para con Dios y para con los hombres. Todos sus dones y sus talentos, los puso al servicio de los más débiles. En dicha acción amorosa de Jesús, se estaba empoderando y visibilizando a los olvidados de la periferia social.

6.4. Jesús, un comunicador de una verdad transformadora

Preparando un tema para mi blog sobre la conocida declaración de Jesús en Juan 14:6, me encontré con la belleza teológica que ofrece uno de sus términos (*la verdad*)[101]. No cabe duda, que todo el verso en su riqueza conjunta declara de manera notable, la bella percepción que tenía Jesús de si mismo y de su sentido misional. En dicho pasaje Jesús declaró: *"Yo Soy el Camino, y la Verdad, y la Vida; nadie viene al Padre, sino por mí"*. Me detengo en la palabra *verdad*, porque ofrece un caudal de ideas tanto en hebreo como en su similar griego, que nos dejan ver las posibles riquezas interpretativas que esta porción nos brinda. Sin duda, que este pasaje es sumamente interesante no sólo por la afirmación que propone, sino también por el contexto que rodea esta declaración. Recordemos que para los judíos de aquel entonces no había una autoridad mayor que la *Torá*. Los primeros 5 libros del canon hebreo eran imaginados como *la senda* que conducía a Dios, como la *verdad absoluta* de Dios para los hombres y como una *revelación vivificante*. Para algunos del judaísmo, la *Torá* mostraba el camino, la verdad y la vida, y sólo a través de la *Torá* se podía llegar a Dios. No es difícil imaginar entonces lo novedoso, pero también lo tenso que pudo haber sido el momento cuando Jesús se proclama en esos términos. Esto no fue una declaración menor ni mucho menos una insinuación tenue o interpretativa, al contrario, fue una declaración objetiva e intencional donde Jesús se presentó como el *camino* que nos conduce a un auténtico y eterno encuentro con el Padre (Marcos 8:34, Juan 12:26, 1 Pedro 2:21). Como la *verdad* que nos revela el misterio de lo divino y la verdadera libertad que propone dicho misterio (Juan 8:31-32). Como la *vida* que es la plenitud de gracia y bondad divina, manifestada no sólo en nuestra realidad inmediata, sino también como garantía de un vivir que es absoluto, suficiente y permanente (Juan 10:28-30).

La palabra *verdad* que en hebreo es אֱמֶת *emet* y su similar griego es ἀλήθεια *alezeia*, básicamente son términos que habitualmente son traducidos como: *"verdad, auténtico, consistentemente consecuente, sin apariencia y absolutamente real"*[102]. Teniendo en mente estas

---

[101] www.marcohuertav.com

[102] He tenido la dicha de enseñar griego bíblico y exégesis de varios libros del Nuevo Testamento. Siempre ha sido un desafío, y a la vez una bella aventura el adentrarme en la búsqueda del sentido primigenio de algunos pasajes claves. Comprender una palabra en su configuración etimológica, constituye un apoyo hermenéutico que tiene la finalidad de ayudarnos a comprender los términos en el contexto mismo de su autor. En relación a la bella expresión *la verdad* y otros que podrían atrapar nuestra curiosidad intelectual, resulta importante apreciar su sentido, tal cual lo pudo haber apreciado y usado el autor original. Si bien es cierto, la etimología no sólo representa

definiciones, pensemos como Jesús en Juan 14:6 se adjudica con autoridad y propiedad única ser la *verdad*. De acuerdo a lo que anteriormente expliqué, Jesús hace una declaración no menor que conlleva una verdadera afrenta teológica. Se tensionan dos voces interpretativas: la voz de la autoridad teológica de los religiosos del templo y la propia voz de Jesús. Sin embargo, la voz de Jesús trascendió a la voz de los del templo, porque era más auténtica y no había mentira ni en su contenido ni en la motivación misma de su mensaje. Pero en relación a la voz de la *Torá*, Jesús no se mostró oponente a ella. Nunca tuvo la intensión de suprimirla, dejarla en desuso o evitar su cumplimiento, más bien al cumplir con sus preceptos la llevó a su plenitud, ampliando la comprensión de su naturaleza y propósito[103].

Jesús es mayor a todo lo que los religiosos del templo valoraban desde su tradición y devoción. Su voz fue mayor que las voces del sistema cultual. Jesús fue la voz de la verdad, no sólo porque el contenido de su mensaje era verdadero, sino porque él en su más pura esencia era y es la verdad misma. Jesús fue, es y siempre será la esencia total y plena de la verdad. En el Evangelio de Juan, esta plenitud es presentada como la Palabra: *"Entonces la Palabra se hizo hombre y vino a vivir entre nosotros. Estaba lleno de amor inagotable y fidelidad. Y hemos visto su gloria, la gloria del único Hijo del Padre"* (Juan 1:14, versión NTV Nueva Traducción Viviente).

Jesús es la esencia total y plena de la verdad. Él es la verdad (Juan 14:6). La plenitud de su ser es la verdad (1:14). Jesús provee la verdad que libera (1: 17, 8:32). Él nos guía a toda verdad (16:13). Hace evidente la manifestación de la verdad, siendo él mismo esa verdad que debemos recibir y seguir. Estos y muchos otros pasajes, nos presentan el sentido exclusivo de la verdad en la vida de Jesús. Un sentido que nos alumbra para entender que el contenido de esa verdad, tiene que ver con la misma persona de Jesús. El maestro Jesús no se ha apropiado de alguna verdad ni mucho menos a inventado algún discurso sobre la verdad. Por el contrario, la verdad es una realidad inherente que vino con él al mundo. La verdad no llegó a él, más bien estaba ya en él como parte de su naturaleza divina: *"Sabemos, en fin, que el Hijo de Dios ha venido y ha*

---

la búsqueda de un término concreto; también, es la búsqueda de la comprensión de dicho término en su aplicación al contexto del lector presente.

103 Una lectura que podría darnos una amplia comprensión de cómo Cristo lleva la ley a un ejercicio lleno de propósito, comprensión y alegría, son los capítulos 5, 6 y 7 del Evangelio de Mateo. En estos pasajes, Mateo documenta una serie de magistrales mensajes de Jesús, donde en varios de ellos el maestro propone ampliar la comprensión de la ley. Entre los versos 17 al 48 del capítulo 5, Mateo repite una expresión muy particular: *"Oísteis que fue dicho...pero yo os digo..."*. Da la impresión que en estas expresiones Jesús estaría contradiciendo los preceptos de la ley, pero no es así. En realidad, Jesús desea ampliar los alcances éticos de la ley, con el fin de no limitar su comprensión sólo a la literalidad.

iluminado nuestras mentes para que conozcamos al Verdadero. Y nosotros estamos unidos al Verdadero y a su Hijo Jesucristo, que es Dios verdadero y vida eterna" (1 Juan 5:20, versión BLP Biblia La Palabra, España).

La verdad transformadora de Jesús, posicionaba a las personas y los libraba de todas las dependencias y las opresiones de la injusticia. No sólo era lograr saber lo verdadero, sino también lograr vivir dicha verdad, con el fin de ser personas libres y más felices. Esto significa que el mensaje de Jesús no se trataba sólo de comunicar un saber, sino también el de transformar las vidas a través de lo verdadero. Quizás en esto radicaba la diferencia con la voz de los religiosos del templo, que daban a conocer la verdad de Dios, pero sin llegar a liberar a las personas con dicha verdad.

6.5. La Credibilidad como base de un ministerio legítimo

En relación a la vida ministerial, la credibilidad es uno de los atributos que enriquecen la espiritualidad pastoral. Nosotros como hombre y mujeres de fe, debemos considerarla como una virtud valiosa, no sólo para nuestro quehacer ministerial, sino también para nuestra necesidad de proyectar una imagen propia de nosotros notablemente auténtica y creíble. También debemos tener claro que descuidar la credibilidad es dar paso a lo inconsecuente, donde sólo se lograría sepultar tempranamente el desarrollo ministerial que podríamos tener. Hablamos de actitud inconsecuente, cuando las personas tienen un comportamiento que no corresponde con lo que dicen, piensan o con lo que deberían representar. En los tiempos de Jesús, justamente el problema de lo inconsecuente era el mal que padecían los líderes religiosos del templo. Muy sabios en la opinión y muy religiosos en la devoción, pero muy pobres en la piedad y santidad. Verdaderos intelectuales de la lectura de la ley y su interpretación, pero incapaces de vivir incluso la aplicación más sencilla y básica de ella.

La credibilidad al imaginarla como virtud necesaria en el ministerio, la vinculamos no sólo a la veracidad o a la autenticidad de un mensaje, sino también a la honestidad del portador del mensaje. A menudo escucho decir: *"no es importante quien lo dice o lo cuestionado que pueda ser tal persona, lo importante es que dice una gran verdad"*. Entiendo el punto y en cierta medida, y para casos muy particulares, podría ser razonable pensar así. Pero tarde o temprano eso se desmorona, porque no sólo es importante mantener la veracidad del

Credibilidad

mensaje, sino también la moral del mensajero. La verdad nunca debería ser cuestionada ni mucho menos rechazada, sin embargo, a veces se ha cuestionado no tanto por la verdad en sí, sino por la falta de credibilidad del portador de dicha verdad.

Tanto la persona de Jesús como sus palabras, eran realidades incuestionables. Jesús hablaba la verdad, porque él mismo era y es su genuino destello. La legitimidad de su ministerio era ampliamente reconocida, apreciada y sostenida por el pueblo, ya que estaban convencidos que en él no había ni la más mínima hipocresía. Recordemos que el pueblo de Israel había aprendido a resistirse a lo inauténtico, porque estaban cansado de lo falso. Tanto las imágenes impostoras de algunos líderes del templo y el constante fustigar de los romanos, crearon en el pueblo una sensibilidad colectiva, que ya nadie podía seguir engañándoles. Habían sido expuesto a tanta injusticia, que ya sabían en detalle reconocer lo falso y lo injusto. Es por eso que la fama de Jesús conquistó cada rincón de la vida de ellos, porque desde el principio se dieron cuenta que él era diferente, auténtico y veraz.

El evangelista Mateo usa la siguiente expresión: *"Porque les enseñaba como quien tiene autoridad, y no como los escribas"* (Mateo 7:29). Es interesante que Mateo nos deja saber que los escribas tenían la fama de ser poco creíbles. Un escriba era considerado un intelectual de la ley mosaica. Un intérprete y defensor de las diversas tradiciones religiosas. La mayoría de estos eruditos pertenecían al grupo religioso de los fariseos, aunque había también escribas entre los saduceos. Estos versados y letrados intérpretes eran cuestionados no por lo que probablemente decían, sino por la actitud tan inconsecuente que mostraban. Sus grandes presentaciones llenas del conocimiento de las tradiciones y explicaciones de la *Torá*, muchas veces se ensombrecían por la falta de compromiso coherente para con Dios y para con el prójimo. En cambio, Jesús fue creíble porque hablaba con autoridad y legitimidad[104].

En Jesús aprendemos que no sólo el mensaje valida nuestro ministerio, sino también el desarrollar una vida auténtica, honesta y consecuente. No podemos estar constantemente diciéndole a las personas que no pongan sus ojos en nosotros, sino sólo en Jesús como para no sentir algún compromiso con el desarrollo de ellos. Más bien, ellos necesitan un punto visual, un ejemplo y referente que le muestre la vida de Jesús; y que mejores referentes que nosotros mismos sus pastores, maestros y líderes ministeriales. Como líderes debemos

---

[104] La palabra autoridad que en griego es ἐξουσίαν *exousian*, denota la autoridad basada no en el contenido de un discurso, sino en la honestidad y coherencia de aquel que lo expone.

comprometernos con el valor de modelar lo que constantemente predicamos. Pablo mismo demostró la importancia de ser un ejemplo para el prójimo: *"Sed imitadores de mí, así como yo de Cristo"* (1 Corintios 11:1).

Hay personas que expresan la verdad de Dios con mucha capacidad y desplante, pero sus vidas carecen de autoridad moral porque no viven ni en lo más mínimo la verdad que predican y enseñan. Quizás algunos no les resulte incomodo un líder exitoso, con buena locución y con gran conocimiento de la verdad bíblica, pero en el fondo con serios problemas de descuido personal. La verdad es que esas imágenes llenas de estereotipos, que ocultan lo que verdaderamente son y padecen, olvidan que es imposible sostener por mucho tiempo la vida inconsecuente. Al final, estos líderes y ministros terminan esclavos de su propia imagen falsa. Confusos y llenos de frustración, dándose cuenta que nunca se puede desarrollar un ministerio sobre la base de la imagen efímera. Es por eso que el camino que todo líder y ministro le conviene transitar, es el camino de la veracidad. Debemos trabajar la credibilidad, porque tal virtud no viene de manera espontánea. No es fácil construirla, pero una vez consolidada permite que nuestros ministerios se desarrollen potencialmente, y nuestro entorno de influencia alcance mayor notoriedad y aporte.

7

FE

"Hagámoslo con los ojos puestos en Jesús, ORIGEN Y PLENITUD de nuestra FE. Jesús, que, renunciando a una vida placentera, afrontó sin acobardarse la ignominia de la cruz y ahora está sentado junto al trono de Dios" (Hebreos 12:2, versión BLP Biblia La Palabra).

7.1. ¿Qué es la fe?

Ante esta pregunta se ha tenido la impresión que los únicos espacios que tendrían el interés de responderla y dialogarla, serían los eclesiásticos. Sin embargo, desde mi experiencia académica me he encontrado con la maravillosa sorpresa de constatar, que hay otras plataformas más allá de lo religioso con el interés de no sólo responder la pregunta de la fe, sino también el valorar la cosmovisión que propone sobre las cosas y sobre la vida. Cuando tengo la oportunidad de participar en diálogos sobre fe y razón, siempre inicio diciendo que la fe en su ejercicio dialogante no fue diseñada para estar en la periferia del pensar, sino en el centro de ella. Considero que la fe tiene una rica visión coherente e intelectual de la vida, tanto en su realidad observable como también en su evidente misterio. La razón ante lo evidente y entendible de la fe debe ser reconciliadora, pero ante su misterio e incomprensibilidad debe ser humilde. Lo mismo la fe; ante las similitudes con la razón debe ser solidaria, pero ante las diferencias debe ser respetuosa.

La fe todavía conserva un sitio público, donde es innegable observar que el ejercicio de pensarla no es sólo un quehacer teológico. La fe, sea por mera curiosidad intelectual o por investigaciones mucho más sistemáticas, es un tema de interés amplio. En lo personal he leído varios artículos donde en el esfuerzo de descubrir los beneficios de la fe, se ha logrado llegar a conclusiones razonables sobre su efecto positivo en ciertas personas y en ciertas vivencias. Es interesante leer la fe desde las ciencias humanas como la filosofía y la psicología, incluso desde otras disciplinas como la neurociencia o la asistencia médica hospitalaria. El punto es que la fe no está distante de la vivencia de los seres humanos. Estamos diseñados para recibir fe, desarrollarla y vivirla. Como pensadores cristianos, siempre hemos afirmado que todo hombre puede hallarse en algún momento de su historia anidando en su ser la fe. Una fe no manifestada por su propio esfuerzo racional ni mucho menos articulada por alguna conclusión metafísica, más bien es recibida porque Dios es el único que provee esa fe provisora que da sentido, esperanza y paz a las diversas vivencias del existir[105].

Debo reconocer que en algunos conversatorios interdisciplinarios el tema de la fe se ha tratado de pensar e imaginar con seriedad y notable honestidad. Aunque evidentemente hay conclusiones que no compartimos, sin embargo, reconozco la estima y el esfuerzo de dialogarla. Una de esas ideas que ha menudo escucho en dichos conversatorios, es pensar la fe como un salto a ciegas hacia la incertidumbre. Creo que esto se aleja abismalmente de lo que en realidad es la fe. La verdad es que la fe es un acto sabio y ricamente estimulado por todas las promesas que resultan en el contenido mismo de su mensaje. Nunca es un salto a la incertidumbre ni mucho menos a lo desconocido, más bien es un salto a Dios y a sus promesas. Su punto de anclaje no es hacia el vacío, sino hacia Cristo mismo. Por lo tanto, la fe es el acto inteligente de confiar y la disposición sabia para enfrentar todas las consecuencias que resultan por confiar. La fe también es el acto humilde de reconocer que sus promesas pueden sostenernos, más que la necesidad de saber el porqué de la situación vivida. Además, la fe es la actitud de actuar con esperanza y a la vez con paciencia cuando la situación lleva un curso difícil de transitarlo.

Otro planteamiento que he escuchado, es la imposibilidad de definir la fe, ya que al decir que podría ser la fe ya deja de ser fe. Entiendo esta idea, pero cuando nos animamos a pensar la fe y articular algunas conclusiones sobre su naturaleza, no se está buscando atarla a conceptos finales, por el contrario, se busca ampliar la belleza de su saber,

---

105 Sobre el sentido vivencial de la fe, les recomiendo un pequeño escrito en mi blog que le titulé: *El misterio y la belleza de la fe*. En dicho artículo señalo que la fe, más que responder las preguntas de la vida, es una realidad que da sentido incluso a lo que no tiene respuesta alguna. En esta dinámica radica su misterio, belleza y su pertinencia. Para acceder al artículo, visite la siguiente dirección: https://marcohuertav.com/2015/12/28/fe-2/

entendiendo que siempre será imposible caducar, concluir o agotar su maravillosa trascendencia.

Por último, recuerdo que al final de una charla que di sobre la razonabilidad de creer, un joven me replicó sosteniendo la tesis de la inutilidad de la fe. Él afirmaba que la fe era sólo el acto timorato de negar la realidad. Un planteamiento bastante repetitivo por ciertos sectores ateos que desprecian la fe. Básicamente, este argumento considera la dinámica de la fe como el simple miedo de tener que escuchar, enfrentar y vivir con un fenómeno amenazante. Para ellos la fe sería sólo sentimientos de miedo y negacionismos. En realidad, este último argumento demuestra un total desconocimiento del contenido filosófico de la fe. Porque la fe, tal como lo plantea el escritor del libro de Hebreos es *certeza y convicción* (Hebreos 11:1). Un saber que está por sobre la realidad. La fe es la certeza de una verdad que puede generar sabiduría para enfrentar las vicisitudes con total dignidad, claridad y esperanza. La fe no niega la realidad que nos toca enfrentar, al contrario, nos hace más conscientes de ella, pero no para desfallecer, sino para que desde las promesas posibles enfrentar la vida con mayor luz y certidumbre. Sabiendo que en algún momento la situación puede cambiar a nuestro favor.

Algunos insisten en no sólo considerar la fe como innecesaria, sino el de negar su existencia misma. Reconozco cierta ingenuidad en otros, cuando hablan de la fe como una construcción del sistema religioso patriarcal, evidenciando en dicho argumento una mezcla de emocionalidad llena de increencia e ignorancia sobre el propósito liberador de fe. Al final, para negar la fe el hombre necesita hacer el gran esfuerzo de construir todo un argumento mayormente emocional. Sin embargo, si hay un esfuerzo tan infructuoso, incierto y desgastante, es justamente el tratar de negar la eficacia de la fe o su existencia misma.

La fe es de Dios, siendo Jesús mismo su origen y su plenitud: *"Puestos los ojos en Jesús, el autor y consumador de la fe..."* (Hebreos 12:2). La fe viene de Dios para llevarnos a un encuentro siempre cotidiano con el misterio del Cristo ascendido. Jesús es la belleza misma de la esperanza y la fuente donde se fundamenta nuestra libertad de creer. La fe es sustento cotidiano que nos permite vivir desde las promesas que Dios nos ha dado. No es una realidad temporal, circunstancial o condicional, más bien es un soporte permanentemente sustentador, liberador y trasformador[106].

---

106 A menudo recuerdo las innumerables conversaciones que tenía con mi padre sobre diversos temas de la fe. El me preguntaba para saber mi opinión sobre ciertos tópicos, pero al final era yo el que terminaba aprendiendo algo nuevo. Y fue en una de esas conversaciones telefónicas que surgió el tema de la fe. Recuerdo que él me señaló, el error que cometíamos como pastores al

La fe se ve gloriosa no sólo por el hecho de conceder las peticiones, plegarias y milagros que se anhelan. Si bien es cierto, esto también tiene que ver con el poder de la fe, sin embargo, la fe sigue siendo gloriosa aun cuando lo que anhelamos todavía no sucede. Recordemos nuevamente las sabias palabras del escritor de Hebreos: *"...la convicción de lo que no se ve"* (Hebreos 11:1). Apreciamos la gloria de la fe en el momento que vemos las cosas que esperamos, pero también la fe debe ser considerada gloriosa aun cuando no logramos ver lo anhelado. La fe no sólo está para conceder lo deseado, también está para sostenernos en la incertidumbre de la espera. Es justamente en esos momentos de total desacierto, donde la fe se hace más significativa y más sostenedora[107].

7.2. La pedagogía de la fe

A menudo predico, con diferentes énfasis y de acuerdo a la ocasión, un tema que he titulado: *La pedagogía de la fe*. Uno de los puntos que señalo, es como la fe va más allá del acto de conjugar una serie de afirmaciones y certezas, siendo también su riqueza la emocionalidad que conlleva. La fe no es sólo una serie de aseveraciones y declaraciones de las verdades del Evangelio y sus promesas. La fe también es el acto auténtico de vivir dichas verdades. La fe que va más allá del intelecto no se queda en el discurso o en la declaración, de lo contrario podría verse atascado en meras repeticiones positivistas y de autoayuda. La fe no sólo es una experiencia de la razón, también es una experiencia emotiva. No sólo se piensa la fe; también se vive.

No estoy en contra de los temas de autoayuda y de las terapias que existen para fortalecer áreas de nuestra interioridad. Lo que en realidad trato de concluir es que la fe, en esa riqueza pedagógica, no busca revelar lo tan capaz que soy ante la vida. Tampoco insiste en alguna

---

estimular una fe intermitente. Una especie de realidad eventual que se manifestaba en un momento determinado y bajo circunstancias especiales. Pero se nos olvidaba predicar la fe como realidad permanente y cotidiana, donde las promesas no son ese recetario que sólo tienes noción de ellas cuando te duele algo, sino que es la fuente misma de nuestro sustento cotidiano. La fe no fue imaginada para ciertos eventos, sino para la totalidad de la vida.

107 Uno de los tantos pasajes que en lo personal me han ayudado a explicar esta idea de la fe, como ese soporte que genera paciencia y esperanza mientras esperamos la voluntad de Dios, es el Salmo 40:1-2. La versión que ha menudo uso para su lectura es la DHH Dios habla hoy. Tal versión dice lo siguiente: *"(1) Puse mi esperanza en el Señor, y él se inclinó para escuchar mis gritos; (2) me salvó de la fosa mortal, me libró de hundirme en el pantano. Afirmó mis pies sobre una roca; dio firmeza a mis pisadas"*. Me gusta el estilo de DHH, ya que logra darle un sentido mucho más vivencial y dinámico al sentir del autor. Enfatizando la profunda crisis que se encontraba, pero aún así, toma la decisión de esperar en Dios. Para él la espera no es una pausa en el sin sentido, sino un espacio de favor donde el alma se sosiega y se despeja.

Fe

especie de audacia inherente, como para declarar para mí mismo una serie de escenarios favorables. Ni mucho menos trata de dejar al descubierto al supuesto campeón escondido que llevo dentro. En realidad, lo que la fe deja al descubierto es mi pequeñez ante los momentos difíciles de la vida y mi incapacidad para hacerle frente. Es a través de la fe, que me doy cuenta que dentro de mí no hay un campeón, sino un pequeño ser tan necesitado de bondad, amor y ayuda. La fe no revela lo que soy capaz, sino lo que no soy capaz. No se trata de lo poderoso que puedo ser, sino de lo inhábil que soy. La fe tiene que ver con mi pequeñez, más que con mi supuesta grandeza[108].

Considero que lo primero que nos revela la fe, es que sin el Señor absolutamente nada podemos hacer: *"Yo soy la vid, vosotros los pámpanos; el que permanece en mí, y yo en él, éste lleva mucho fruto; porque separados de mí nada podéis hacer"* (Juan 15:5). La verdadera vida cristiana, se transita desde esa fe que no estimula ni la arrogancia o la superioridad, sino la sabiduría y la humildad. Esa fe que nos encamina a vivir y desarrollar la vida desde el Evangelio, es la fe de Jesucristo. El mismo nos enseñó que sin él todo es infructuoso (Juan 15:4-5). En el texto citado está la expresión *separados de mí* y denota la idea de estar apartado, distanciado o alejado. El acto de alejarse o distanciarse de Jesús, no es sólo apartarse de su singularidad, sino también de toda la realidad transformadora que Jesús representa. Es estar distante de todo su bien, ya que Jesús es el bien supremo, que todo hombre y mujer deben de alguna manera experimentar. Por consiguiente, es la fe la que nos aproxima a Jesús como el mayor bien que nuestra existencia podría disfrutar. Es la fe la que busca también producir el mayor de los milagros, que es la transformación de nuestras vidas. Una nueva creación tal cual lo describe Pablo en su carta a la comunidad en Éfeso: *"Porque somos hechura suya, creados en Cristo Jesús para buenas obras, las cuales Dios preparó de antemano para que anduviésemos en ellas"* (Efesios 2:10).

Si tuviera que pensar en lo que podría seguirle a esta realidad pedagógica de la fe, definitivamente sería la experiencia del gozo. La fe produce el gozo de saber que sin él nada podemos hacer, y que no es necesario presumir o aparentar algún tipo de fortaleza ni mucho menos usar un antifaz de perfecto, cuando en realidad somos seres tan frágiles y necesitados de su ayuda y cuidado. La fe nos enseña a ser uno mismo,

---

108 Esta forma de entender de la fe lo aprendí de las vivencias de fe de mi madre, que desde los 20 años de edad ha sido pastora. Y en el presente a sus 72 años (2022) nos sigue diciendo que una de las tantas señales de estar lleno de fe, es el reconocimiento humilde de nuestra debilidad y necesidad total en Dios. Es muy importante entender que la fe existe para ayudarnos a vivir humildemente la vida de Dios, y sin esa porción divina no podríamos desarrollarnos en su gracia.

y desde esa honestidad, optar por la mejor de las opciones que es el abandonarnos humildemente en las manos de Dios. Sabiendo que en él podemos salir adelante y desarrollarnos. ¿Qué otra realidad podría producir este nivel de gozo? A ese nivel existencial; solamente la fe.

Jesús es el autor de una fe que es inteligente y enriquecida por todas las promesas que la sostienen. Una fe no sólo es poderosa para cambiar la naturaleza misma de la realidad, sino también para proveer la claridad suficiente sobre la naturaleza de las promesas divinas. Uno de los versos más bellos de las salmodias que nos hablan de las promesas que vienen de los mismos pensamientos de Dios, se encuentra en el Salmos 139. El salmista señala: *"(17) ¡Cuán preciosos me son, oh Dios, tus pensamientos! ¡Cuán grande es la suma de ellos!. (18) Si los enumero, se multiplican más que la arena; Despierto, y aún estoy contigo"* (Salmos 139:17-18). Pensando en lo que el escritor señala, los pensamientos de Dios se multiplican no de manera accidental, sino como respuesta a una sencilla acción del salmista. Él se dispone a enumerar los pensamientos de Dios y estos se multiplican porque son incontables y perpetuos. El salmista sabe que la acción de enumerar, denota la idea de resaltar la belleza y la grandeza de los pensamientos de Dios. No es el sólo hecho de bosquejar algún recetario de promesas, sino de resaltar la transcendencia de cada pensamiento de Dios en la vida de los que le aman. Las promesas también son inconmensurables, porque son parte del contenido eterno de los pensamientos de Dios. Una promesa es un pensamiento de bien de parte de Dios para nuestras vidas. Están para dar el soporte necesario en los momentos de mayor incertidumbre. Muchas veces el consuelo no vendrá por la presencia de una respuesta, sino por la de una promesa[109]. Ante los momentos de más necesidad una respuesta no hará la diferencia, pero si una promesa. A menudo no hay respuestas para las experiencias de la vida, pero si hay una promesa para cada una de ellas. Las respuestas buscan dar información por lo vivido, pero las promesas buscan estimular la fe, incluso cuando lo vivido no tienen sentido.

Por último, la fe me expone a una experiencia Cristo céntrica mucho más amplia e íntegra. Donde no sólo experimento la presencia de Cristo, sino que además soy encaminado a conocer más de la belleza de su ser y de sus pensamientos. Por consiguiente, la fe al estar centrada en Cristo

---

109 Todos, de alguna manera, hemos experimentado momentos de profundo desazón. Nos hemos visto envueltos en un torbellino violento de emociones y diversos dolores del alma, debido a la pérdida de un ser amado o por la inesperada noticia que nos deja vulnerables ante la vida. Todas estas experiencias que uno no agenda ni mucho menos imagina vienen de manera inesperada, y lo primero que surge son una serie de preguntas que tratan de establecer una sensación de injusticia. Sabemos en el fondo de nuestra alma, que muchas veces no hay respuesta para tales vivencias, sino promesas que nos permiten anclarnos a la fe.

se transforma en una experiencia máxima, porque se trata de Jesús como un ser tan real que amerita ser experimentado y conocido desde todas las vivencias posibles. Jesús no te cansa ni mucho menos te deja en esa saciedad de suponer que llegaste al final de su conocimiento. Nunca será suficiente el observarlo, experimentarlo o leerlo. De cualquier personaje de la historia puedes concluir la investigación, pero de Jesús imposible.

Jesús es el centro del Evangelio y el contenido mismo de su mensaje salvífico, y sólo el corazón humilde puede vislumbrar esa gratuidad divina que nos ha beneficiado. Jesús es el mismo Evangelio y por sus méritos tenemos amplio acceso a los favores inmerecidos de la redención. Él es el mayor artífice de esta obra y nosotros los mayores beneficiados. Por lo tanto, el ser humildes ante esta descomunal verdad, es el acto más agradecido de una persona que ha sido renacida a la novedad de la vida contenida en el proyecto salvífico del Evangelio. La humildad debe darse de manera tan natural, porque no sólo es respuesta, también es la manera de ser de la vida renacida por la obra redentora de Cristo. La presencia de la humildad es señal de la redención de la mente y la más clara evidencia de una vida donde la plenitud de Cristo se irradia.

Cuando era niño escuchaba habitualmente una forma muy sencilla de entender la importancia de la fe. Básicamente decían que la fe no debe ser considerada como ese fármaco que ocasionalmente echas mano por un dolor que repentinamente te aqueja. Más bien, la fe es como el agua que siempre debes consumirla para vivir. Si bien es cierto, esta idea sencilla y bien explicada para que un niño entienda la importancia de la fe, de vez en cuando deberíamos también graficárselas a los adultos, ya que algunos todavía tienen una idea media farmacológica no sólo de la fe, sino de la realidad misma de Dios. Donde se piensa de él y de la fe de manera ocasional, apreciando su importancia cuando las contingencias de la vida nos sobrepasan. Pero Dios y la realidad de la fe no son para las eventualidades de la experiencia, sino para la cotidianidad de la vida. Jesús mismo prometió que su presencia, y la suma de todas sus palabras y promesas serían para el día a día; él mismo dijo: *"Enseñándoles que guarden todas las cosas que os he mandado; y he aquí yo estoy con vosotros todos los días, hasta el fin del mundo. Amen"* (Mateo 28:20).

7.3. La fe y la verdadera espiritualidad

Jesús fue un hombre de una profunda fe. Una fe muy auténtica, no vivida de manera reservada o presumiéndose como superior a las demás.

Más bien, fue una fe muy vistosa, solidaria e incluso atrevida, especialmente en la acción de vivirla distanciada de los ritos y los formalismos del templo. Todo esto, con el fin de ejercitarla permanentemente entre los olvidados de toda gracia, enseñándoles justamente a ellos como vivir dicha fe[110]. La fe de Jesús fue entre los postergados un verdadero bálsamo de esperanzas. Los oprimidos y los abatidos podían sonreír al disfrutar el entusiasmo y la alegría de Jesús, cuando les hablaba de la amplia libertad que tenían para creer en Dios y disfrutar de una relación paternal con él. Jesús les motivaba a creer con alegría y esperanza, la novedad de saber que ellos estaban en el centro del amor divino. Una bella novedad que sólo a través de la fe, podían disfrutar de sus dulces consecuencias liberadoras. Para Jesús, aquellos considerados por los poderosos como olvidados, eran los legítimos destinatarios de toda la bondad divina. Jesús no sólo los bendijo, también los hizo herederos de todo don perfecto implícito en el anuncio de las buenas nuevas de salvación.

Jesús llevó su fe más allá de la liturgia. No cabe duda, que Él era un hombre de profunda contemplación y adoración, pero su sentido de solemnidad no sólo era vista en su devoción hacia su Padre; también, lo era en su devoción hacia el prójimo. Él se sentía verdaderamente consagrado al prójimo. Todos aquellos que habían sido abandonados por el aparataje ceremonial y ritual del templo, y por esa pobre teología y hermenéutica de la gracia judía, Jesús los hacía herederos del reino.

Jesús se alejó del sistema religioso y se aproximó a los que verdaderamente sufrían. Él quería llegar a la periferia y habitar entre los aislados, pero para eso debía alejarse incluso del templo. Pero él no sólo se apartó, sino que además consolidó una enemistad contra toda aquella imagen de poder y jerarquía religiosa. Se distanció para mostrarse humilde, solidario y empático con el pueblo necesitado, y a la vez afianzó sus diferencias con el sistema injusto que los religiosos de su época sostenían.

Jesús opta por una vida horizontal con el pueblo que sufre. De esta manera allana el camino no sólo para ir hacia los demás, sino también para permitir la espontaneidad de las personas en su iniciativa de aproximarse a él. Fue por eso, que los niños de manera natural se

---

110 Me gusta entender, interpretar y compartir la fe de Jesús como un proyecto de vida. Lejos de imaginarse como una realidad mística y casi abstracta, la fe que trasmitió y enseñó Jesús es una forma cotidiana, básica e iluminada de ver y vivir cada etapa de nuestro existir. No es un ideal que debe alcanzarse con esfuerzos o una especie de premio logrado por sacrificios espirituales, más bien, la fe de Jesús es la base de la vida donde todo nace, se desarrolla y permanece. La fe es un don inmerecido y no un trofeo meritorio. Se nos otorga fe, no porque hemos alcanzado algún logro espiritual, sino porque carecemos de todo mérito para vivir la vida de Dios desde nuestras propias capacidades.

acercaron a Jesús y la mujer con el flujo de sangre no dudo en ir tras él, ya que Jesús inspiraba dichas iniciativas. Él nunca dio otra imagen, sino la de un verdadero siervo entre los hombres. No cabe duda, que en esto radica el verdadero sentido del ministerio, ya que ser ministro es ser un siervo entre los demás. Sobre esto, recuerdo la pregunta de mi hijo Elías al recibir mis credenciales ministeriales de obispo. Él me dijo: *"papá, te dieron un diploma de obispo, y ¿qué significa?;* Ante la pregunta sólo respondí: *ser obispo, significa que sigo siendo un hermano menor entre mis hermanos(as) y ahora con mayores oportunidades para seguir sirviéndoles"* [111].

Jesús vivió su fe con intensidad. Sus nobles sentimientos, sus pensamientos y su deseo de proveer todo el bien posible, era la actitud diaria de Jesús. No sólo presto oído a la súplica, sino que se comprometió a conocer y responder el ruego de la misma. Jesús no se quedaba en la contemplación o en la compasión, sino que el recogimiento lo transformó en piedad y caridad. Este es el modelo a seguir para todos los que hemos sido llamados a ser ministros de su reino. Hombres y mujeres de fe llamados a reproducir fidedignamente la naturaleza misma del ministerio amoroso de Jesús. No hay otra manera de ver el ministerio ni otra manera de ejercitarlo, sino en el modelo mismo de Jesús. Son innumerables los beneficios, que podemos experimentar cuando nuestro ejercicio ministerial es en el modelo de él. Pero, si lo hacemos basado en nuestras ventajas e imposiciones, la mezcla de intereses no sólo nos limitaría, sino que tarde o temprano dañaría profundamente nuestro quehacer ministerial. Ante esta situación, nos ayudaría mucho el camino de la autoevaluación con el fin de no dejar de mantener la mirada en él como nuestro principal y único modelo ministerial. Aprendiendo de su ternura pastoral e imitando su gran capacidad para discernir, empatizar y sostener el dolor de los demás. Ejercitando a la vez, la bendición del acompañamiento a la manera de Jesús, entiendo que las personas siempre serán más importantes que el templo y su aparataje litúrgico. Esto último es primordial, ya que a menudo se ven modelos pastorales muy distanciados del entorno más íntimo de las personas, haciendo del templo, de la liturgia y de los procesos administrativos, la suma total de su quehacer ministerial.

Jesús es un ministro que cree en las personas. Les confía el mensaje, porque cree en ellos y cree que pueden a través de la fe acceder a los

---

111 La denominación Iglesia de Dios tiene una serie de nombramientos ministeriales, donde se consolidan responsabilidades y funciones eclesiásticas. Estos grados ministeriales se inician con el nivel exhortador, luego ministro ordenado y el último sería el de obispo. Todos estos grados están sujetos a modificaciones y cambios.

beneficios del Evangelio. Llamó a sus discípulos porque creía que ellos, a través de un debido proceso, podían llegar a ser verdaderos apóstoles de la gracia. Que incomodo sería darse cuenta, que hemos sido dirigidos por alguien que no siente ni la mínima iniciativa de creer en uno. Pero Jesús creyó, aun cuando en su estado presente los discípulos le fallaban y actuaban de la manera más inmadura. Sin embargo, esto no era suficiente para que Jesús renunciará a sus discípulos. Él estaba tan comprometido con ellos, que incluso a Judas le sigue diciendo amigo en la misma noche de la traición (Mateo 26:47-49). Sin duda, la situación de Jesús y Judas es uno de los escenarios más difíciles de comprender, y que a más de alguno le ha tocado vivir. Pero ¿no es justamente eso lo que hace del ministerio uno de los ejercicios más sublimes? Definitivamente que sí, y es justamente el hecho de amar a los que quizás no lo merecen o acompañar a los que no tendrán ni la mínima iniciativa de regresarte el servicio, lo que hace de este llamado una verdadera vocación muy humana, y a la vez muy celestial.

Jesús tenía una espiritualidad tan auténtica, creativa y llena de imágenes, que su fe se ve ampliamente interpretada, irradiada y representada en su amor. En Jesús, la fe se presentaba no sólo en su modo de milagro, sino también en su modo de amor, sabiduría y gozo. No fue una fe reservada ni puramente mística, más bien fue una experiencia abierta, comunitaria y solidaria. Jesús al ser un hombre de fe, era también un hombre lleno de amor y sabiduría. Pienso que las personas cercanas a Jesús, experimentaban el amor de Dios como el mayor de los milagros. Sus vidas eran invadidas por el gozo que provocaba la presencia de Jesús. Sus corazones se llenaron de sabiduría para enfrentar toda esa crisis que los rodeaba. Sus almas fueron sanadas para creer que era posible tener bienestar integral, aún en medio de las limitaciones. Jesús trasmitió una fe suficiente para ahuyentar los miedos. Una fe que los impulsaba a seguir luchando, porque había la suficiente esperanza de sentir que era posible lograrlo. La fe los posicionó cerca del corazón de Dios. Un Dios que no estaba encerrado en el templo esperándolos en el rito, sino que estaba entre ellos abrazándolos por siempre en su amor[112].

El amor es la mayor virtud que el mundo siempre ha necesitado. Jesús sabía perfectamente dicha necesidad, es por eso que lo que más

---

112 En esencia la fe cristiana tiene que ver con el triunfo de la esperanza sobre el miedo. La fe es confianza, donde la esperanza se concibe viva y rebosante en el corazón de los que aman a Dios. Ya no hay incertidumbre, sino la plena certeza de que la vida tiene razón de ser, aún en sus momentos más complejos. Creo que en esto radica la originalidad de Jesús, al trasmitir una esperanza que no propone la finalización de las dificultades existenciales, sino la convicción de que todo tiene un sentido y un supremo propósito. En palabras de Pablo: *"...a los que aman a Dios, todas las cosas les ayudan a bien..."* (Romanos 8:28).

ofreció fue el amor perfecto de su Padre celestial. El amor fue un ejercicio notable en Jesús. Él ama con intención redentora, tal cual el Padre amó con intención salvífica (Juan 3:16). El amor con intencionalidad busca la interioridad del hombre, y en esa búsqueda no limitará su acción por los estigmas y los estereotipos, sino que los superará para llegar a la interioridad. Como Jesús que superó el estereotipo que proyectaba Zaqueo o la misma mujer samaritana, logró llegar al interior de ellos y desde la interioridad alcanzada los sanó, los liberó y los transformó.

7.4. Somos siervos

Toda institución eclesiástica maneja una serie de nombramientos, que hacen factible el desarrollo de sus planes denominacionales. Diversos oficios que permiten la viabilidad de servicios y cargos administrativos, que tanto hombres y mujeres ministros de dicha institución son llamados a desempeñar. En algunos movimientos el nombramiento más alto es la ordenación ministerial, en otros el obispado y en otras instituciones el apostolado. Cada concilio o denominación fundamenta, valida y respalda la existencia de estos nombramientos y la comprensión del servicio que deben entregar. En realidad, siempre ha existido la necesidad de organizar las comunidades cristianas, a través de cargos de servicio que velen y posibiliten el desarrollo de la visión eclesial. En lo personal no estoy en contra de su uso, ya que entiendo la importancia y el beneficio que pueden significar para la amplitud del servicio institucional. Sin embargo, en lo que difiero es en la idea de que estos nombramientos sean considerados el fin último de la vocación o una forma de establecer una especie de cúspide del mérito. Esta forma piramidal de ver el éxito, se aleja de lo que la Palabra imagina como logro ministerial. Creo que el camino que se debe facilitar, no es de la consolidación de un estatus, sino el de una cultura de servicio para propiciar uno de los principios inamovibles de Jesús; *"Mas entre vosotros no será así, sino que el que quiera hacerse grande entre vosotros será vuestro servidor, y el que quiere ser el primero entre vosotros será vuestro siervo; como el Hijo del Hombre no vino para ser servido, sino para servir, y para dar su vida en rescate por muchos"* (Mateo 20:26-28)

La naturaleza de un título, asignación o nombramiento no es para ser simplemente ostentado, sino para poner a disposición el servicio y el bien que supone entregar. Si esto no está bien asumido, es muy fácil que una responsabilidad pierda su disposición y servicio cristiano

Un Pastor llamado Jesús

personalizado y de calidad, y circunscriba todo su quehacer sólo a lo estrictamente administrativo. Cuando la relación se torna oficinista, genera distancia y apatía. Cuando se torna burócrata, genera rigidez e inflexibilidad. Las instituciones eclesiásticas, deben estar constantemente evaluando la verdadera funcionalidad de ciertos cargos administrativos. Muchos de estos cargos, la inversión que conlleva mantenerlos, no se compensan con el beneficio y servicio que realmente entregan. Recordemos que todo lo que pertenece al reino, tiene como distintivo supremo el servicio. Pero un servicio que es inoperante termina siendo un espacio intermitente, e incluso decorativo. Pero el servicio de calidad, es un servicio visible, operante y competente. Una institución por más piramidal que sea, no debe olvidar que está al servicio de Cristo y de todos aquellos hombres y mujeres que son parte de su gran familia[113].

La suma total del quehacer ministerial y la identidad suprema que está por sobre cualquier oficio, es el servicio. Nuestra vocación ministerial si no ejercita el servicio, está mostrando señales de una pobre identificación con la persona de Jesús. El Señor nos llama a seguir su filosofía ministerial, que es la abnegada disposición de darse a los demás como los mayores beneficiados de nuestro servicio. No cabe duda, que esta realidad está enteramente entendida por todos, y nadie contradice la idea de que el servicio es la auténtica cultura vocacional del reino. Sin embargo, vale la pena recordarla debido a esa manía que se deja ver todavía en algunas personas, que desde sus nombramientos ejercen un servicio condicionado, de malas prácticas, rígidos en su fundamentalismo, y cuando les conviene, devotos a la literalidad de sus libros de gobierno. Reinterpretando sus reglamentos de acuerdo a su antojo, pero en el fondo con una pobre hermenéutica facilitadora de procesos más flexibles.

Siervo es el que está en la puerta para darnos la bienvenida en la celebración dominical, como el que recibe la amplia responsabilidad de

---

[113] De joven escuchaba a menudo esta expresión: *"la Iglesia no es una organización, sino un organismo"*. Entiendo cuál era el énfasis que se deseaba establecer en este enunciado, pero desde una reflexión mucho más consciente de la naturaleza y misión de la Iglesia, esta idea carecía de toda legitimidad. Cuando hablamos de organización, hablamos de ejercicios de administración, liderazgo, servicios y finanzas; también, el desarrollo de recursos humanos, establecimiento de metas, evaluación de resultados, entre otras dinámicas y logísticas. Todo esto tiene que ver con una organización, y la iglesia no escapa a la importancia de estas dinámicas. En 1 de Corintios 3:10 Pablo usa la expresión *"sobre edificar"*, entendiéndose como el cuidado íntegro que debe existir a la hora de llevar los destinos de la comunidad de fe. Un cuidado no supeditado a lo estrictamente espiritual o litúrgico, sino que a todas las áreas que requieran una mayor solidez estructural, habilidad técnica para la misión y consolidación del liderazgo como un recurso humando debidamente equipado. Todo esto con el fin de que la Iglesia sea un organismo vivo y santo, y una organización eficaz y sólida.

llevar los destinos de una denominación. Es siervo el que aseó el templo previo a la celebración, como aquel que de manera inspirada nos deleita y bendice con la homilía dominical. Si bien es cierto los niveles de responsabilidad son diferentes, pero al final a todos el Señor nos dirá: *"...Bien, buen siervo y fiel; sobre poco has sido fiel, sobre mucho te pondré; entra en el gozo de tu Señor"* (Mateo 25:23).

Todo ministro es naturalmente un siervo, donde el ejercicio de su servicio en el modelo de Jesús es su mayor praxis. Nosotros no somos los propietarios de la grey, sino los siervos de ella. Tampoco dueños de la verdad, pero si siervos de ella. Como ministros debemos desarrollar nuestro quehacer ministerial, a través del conducto del servicio pleno, desinteresado y bondadoso. A medida que se desarrolla y se vigoriza nuestro ministerio, desarrollamos una sensibilidad amorosa para disponernos hacia los demás. En ese proceso de constante entrega hacia el prójimo, consolidamos los procesos del acompañamiento y del trato digno y desinteresado, virtudes muy propias de un liderazgo centrado en Jesús.

Un líder tendría mucho que evaluar la autenticidad de su ministerio, si no siente el compromiso y el deseo profundo de servir a los demás. Volviendo a la observancia de los nombramientos y logros; lo que en realidad ennoblece nuestra vida ministerial, no es en si el nombramiento ministerial, sino la capacidad que tengo de bendecir y servir plenamente al prójimo a través de dicho nombramiento. En esto radica la autenticidad de nuestro llamado; en la capacidad y constancia de servir a los demás. No hay otro ejercicio que le dé a nuestro nombramiento pertinencia, autoridad y validez, sino el vivir al servicio de los demás.

No podemos presumir nuestro llamado y ministerio, si vivimos una vida tan distanciada de aquellos que necesitan de nuestra gentileza cristiana. El verdadero acto ministerial se encuentra en el servicio y es justamente en el ejercicio de servir donde el ministerio se ve imitando la novedad pastoral de Jesús. Es por eso, que los logros académicos y los nombramientos eclesiásticos no son para ser lucidos, sino por el contrario, son para ejercitarlos desde la humildad, donde buscar el bien de los demás es su mayor inversión, y su mayor razón de ser.

8

GOZO

"Mas el fruto del Espíritu es amor, GOZO, paz, paciencia, benignidad, bondad, fe, mansedumbre, templanza; contra tales cosas no hay ley"
Gálatas 5:22-23.

8.1. La eficacia del gozo

Mucho se ha reflexionado sobre el atractivo y valor de una vida feliz. Desde la antigüedad el estado pleno del existir ha llevado a la humanidad a tratar de hallar aquello que le permita acceder a la satisfacción absoluta y permanente. Hasta en la filosofía antigua esta búsqueda también fascinó a pensadores conocidos como Sócrates y Aristóteles, entre otros[114]. Que decir de las famosas y muy conocidas escuelas clásicas que proponían la senda hacia el existir bienaventurado, a través de diversos axiomas y perspectivas. Los que hemos leído, y en ocasiones hemos enseñado sobre historia de la filosofía y las escuelas clásicas, podemos recordar que hubo verdaderos movimientos que consolidaron un saber sobre la existencia, el placer y el conocimiento de las cosas, como la verdad última del pensar de la vida[115].

---

[114] Sócrates es considerado por muchos como el más célebre filósofo griego (vivió aprox. entre el 470 a.C. al 399 a.C.). Aristóteles, probablemente el más conocido de la historia, fue filósofo y científico (vivió entre el 384 a.C. al 322 a.C. aprox.).

[115] En el libro de los Hechos se dice que Pablo disputaba con filósofos de escuelas representativas, como los epicúreos y los estoicos, sobre el Evangelio de Jesús, como el camino supremo hacia la verdadera salvación (Hechos 17:18). Las palabras de Pablo desataron la curiosidad de estos filósofos, porque estos últimos, en su cuerpo intelectual también proponían un camino hacia la realización plena.

No cabe duda que siempre ha existido una intensa búsqueda de la humanidad en todos los tiempos, por hallar el camino hacia una existencia imperturbable y por ende feliz. Los caminos de la razón, el placer, las riquezas o el poder, han estado como virtud última, con el fin de ver si estas son las vías para encontrar la tan ansiada felicidad perfecta, abundante y perenne.

Recuerdo la interesante pregunta que me hizo un estudiante del programa de Licenciatura en ELET[116], al finalizar una de mis clases sobre Pensamiento Paulino. Tal estudiante me preguntó: *¿Cuál de esas escuelas de pensamiento filosófico que Pablo conoció, podrían verse todavía en la sociedad de hoy?* Le contesté, que de alguna manera la mayoría de ellas están interpretadas en las nuevas cosmovisiones que tenemos hoy de la vida, el placer, la verdad y la convivencia humana. Pero si tuviera que resaltar una de ellas, creo que hablaría del epicureísmo. Pensé en dicha filosofía, ya que es evidente la tendencia de algunos hacia la necesidad de buscar vivencias, relaciones y proyectos de mayor nivel placentero. Esta necesidad a veces es un desbocado frenesí, donde la libertad, el placer y la autonomía es un fin, ignorando el cuidado que deben tener a la hora de consolidar dichas necesidades[117].

No dudo que las vivencias pueden producir experiencias de placer, gozo y realización. Sin embargo, el problema es que la vivencia puede transformarse en delirio, donde el goce y el deleite al final serían uno más en el menú del derroche. Si insistimos en ver la vida así al final terminaremos cosificándola, viendo en las cosas un supremo y auténtico

---

116 ELET, Escuela Latinoamericana de Estudios Teológicos, es una institución muy reconocida en el norte de California. Nace como un programa académico presbiteriano, pero paulatinamente fue consolidándose como una escuela interdenominacional. Su sede principal se encuentra en El Cerrito, California. Su dirección web: www.eletseminario.org

117 Pensando en este frenesí, hay un tema que a menudo desarrollo en mis charlas o conferencias con los que habitualmente llamamos la Generación Emergente, y es *el lado oscuro de lo emergente*. Lo planteo así, porque creo que nos ha faltado ser más honestos con esta generación, ya que ha experimentado un estímulo descomunal hacia la cultura del logro instantáneo, pero a la hora de abrir las puertas a sus ideas y planes, se han encontrado con burocracias, obstáculos y estrechez. Muchos se estrellan con un sistema selectivo, donde la mayoría queda fuera de las grandes oportunidades. Algunos hablan de invertir y abrir espacios a dicha generación emergente, pero en el fondo del discurso le tienen poca fe a esta generación. Usan descalificaciones severas como generación fracasada o la generación de miles de estímulos y pocas oportunidades. Ante este panorama poco alentador, creo que la iglesia debe proveer a esta generación emergente una idea diferente de la realización. La iglesia debe ser un espacio donde dicha generación pueda encontrarse con Dios y con un sentido de la vida más iluminado y renacido. En Cristo, el joven emergente debe salir del frenesí de pensar que el obtener bienes y servicio, la utilidad temporal de las cosas y la imagen pública determinan el éxito y la realización máxima. Sin duda que todo eso es importante, pero en su justa medida y momento. Nuestra generación emergente debe hallarse en un espacio de fe que no lo instrumentalizará, sino que le proveerá familiaridad, confianza, diálogo sincero y favor divino, para emprender la vida con las mayores y mejores herramientas.

bien, donde algunos serían más favorecidos que otros. Sin embargo, la cosificación de la alegría es un juego de palabras que sólo nos ata a una cultura de consumo, transformándonos en devotos dependientes de las cosas venidas del despilfarro del mercado.

Las personas son sólo cosas para el sistema del gasto. Entes que deben mantenerse consumiendo todo lo que les pueda proveer un supuesto gozo. En la raíz de esta ansiedad por consumir, está la tragedia de la infelicidad. Para la cultura presente el hombre es un ser infeliz y que debe mantenerse en esa carga, con el fin de que siga consumiendo el gozo fraudulento del sistema. Sin duda, no hay mayor banalidad que estimar la acumulación de cosas y bienes no sólo como el fin, sino como la única forma de imaginar la vida misma.

Pero el gozo no es un producto que sencillamente compro y consumo. Más bien, es una virtud que se manifiesta como resultado de una vida renacida. Una virtud que se ve acompañada de estados de plenitud, sosiego y confianza. El gozo incluso anima la fe especialmente a la hora de disponernos a caminar confiadamente, aún en medio de aquellos imponderables que inesperadamente se dejan venir. El gozo es presentado en las Sagradas Escrituras como una virtud que al estar unida a Dios se hace fuerte: *"...no os entristezcáis, porque el gozo de Jehová es vuestra fuerza"* (Nehemías 8:10). También se ve como una virtud estimulante: *"Regocijaos en el Señor siempre. Otra vez digo: ¡Regocijaos!"* (Filipenses 4:4). Una virtud animada por la fe y la esperanza: *"a quien amáis sin haberle visto, en quien creyendo, aunque ahora no lo veáis, os alegráis con gozo inefable y glorioso"* (1 Pedro 1:8).

¿Qué hace del gozo una virtud tan eficaz y llena de fortaleza? Pienso que el vigor del gozo radica en el hecho de verse unida a la fe. Hablar del gozo es hablar de la fe, como también hablar de la fe es hablar del gozo. Así como el gozo anima la fe, también la fe fortalece el gozo. El don de la fe y la virtud del gozo mutuamente se confortan y se vigorizan. No digo que la fe y el gozo sean una misma realidad. Más bien, imagino la fe como el más preciado don que nos expone a la apertura salvífica ofrecida en el anuncio del Evangelio. Por su parte, el gozo es ese estado virtuoso lleno de alegría, esperanza y libertad, que viene como dulce consecuencia de la fe en Jesús. Por ende, la fe concibe el gozo y lo fortalece. Es un dinamismo maravilloso, donde el don y la virtud hacen de la vivencia una realidad presente, permanente y vivificante. El don de la fe anima no sólo el gozo, sino una gama de virtudes que hacen de la experiencia cristiana una práctica no abstracta, teórica ni de contemplaciones vacías; sino una de vivencias plenamente vivificante y rebosante.

Un aspecto que deseo también señalar, es la notoria diferencia emocional que se hace entre el gozo y la alegría. Muchos incluso insisten en una diferencia cualitativa, sosteniendo que la alegría es como esa sensación fugaz y liviana, y siempre condicionada a los eventos externos. A diferencia, el gozo sería una disposición permanente y estimulada por la razón; por ende, una virtud sostenida por la voluntad. Definitivamente no pretendo resolver el dilema de sus diferencias, pero si me permito señalar que veo la alegría más ennoblecida que estas populares referencias. No veo el gozo y la alegría tan distantes. El gozo como otras virtudes nace del amor y de la búsqueda intensa del sentido verdadero de las vivencias. Al hallar el sentido pleno de las cosas y de las experiencias, esa vivencia puede estallar en una desbordante y auténtica alegría. Es más, el gozo siempre tiende a producir la alegría de verse y sentirse bendecido y bienaventurado. El gozo viene por amar la verdad y el hallar la razón de las experiencias, sean estas placenteras o negativas. Es por eso que el gozo puede estar presente en la vida de las personas, aun cuando estén pasando los momentos más difíciles, ya que el gozo no busca necesariamente evitar el sufrimiento, sino fortalecer la vida en medio de dichos quebrantos.

8.2. El gozo de Jesús

¿Vivió Jesús una vida llena de gozo? No tengo la menor duda que Jesús vivió una vida intensa tanto en sus vivencias difíciles, como en sus más gratos momentos. Vivió una vida plenamente bienaventurada, procurando siempre transmitir y contagiar dicho bienestar[118]. El propiciaba una felicidad auténtica, llena de naturalidad y espontaneidad. Para Jesús los momentos plenos de gozo también debían ser vividos con humildad, haciendo participe de su algarabía a todas las personas. Jesús sonreía constantemente y también procuraba hacer sonreír a los demás. Compartía su alegría para no dar lugar a las sensaciones jerárquicas o escalonadas, donde parecía que los que reían siempre eran los más afortunados del sistema religioso. Para Jesús era muy importante invertir en momentos de algarabía, ya que el pueblo estaba tan desprovisto de bien que hasta la felicidad la percibían como un don dado sólo a los más privilegiados. Sin embargo, el maestro Jesús buscando

---

118 Hace unos años inicie una serie de diálogos sobre las bienaventuranzas basadas en el relato de Mateo 5:3-10. Durante varias semanas desarrollé una hermenéutica pastoral, enfatizando que las bienaventuranzas son poderosas declaraciones sobre la gracia de Dios. Verdaderas promesas donde es el mismo Dios quien consuela a todas las personas y provee la reivindicación presente y futura a su penuria existencial. Como forma concluyente, señalé que las bienaventuranzas hablan de una verdadera teología de la esperanza reivindicadora.

no incomodar o crear sensaciones desiguales, procuró presentar el gozo como una virtud que viene del amor y de la cercanía del Emanuel que ha decidido habitar entre ellos. El gozo que vivía y promovía Jesús no era un evento casual, sino un evento liberador y permanentemente significativo, donde sonreír y sentir plena dicha era señal de la presencia de Dios entre ellos.

En los tiempos de Jesús, era muy común hablar de la vida venidera cuando las cosas eran imposibles de tenerlas o vivirlas en el momento. Hasta era una forma que los religiosos usaban para calmar los ánimos de la población más pobre. Era una manera sutil para mantenerlos resignados a las condiciones que vivían. Una de esas resignaciones, era la idea de que el gozo pleno estaba reservado a la vida futura y que en el presente los más desfavorables sólo debían conformarse con saber que la alegría y la dicha la podrían recibir en el más allá. Tal idea Jesús no la compartía, es más, él se resistía en aceptar que todo lo plenamente bueno era una condición reservada para algunos, pero para la población más desamparada, pobre y abandonada, sólo les quedaba aceptar humildemente la imposibilidad de ser plenamente felices. Se resiste Jesús de tal manera que inicia una serie de predicaciones sobre el amor y el gozo, como manifestaciones gloriosas de la presencia de Dios entre ellos. El contenido homilético de Jesús, resalta la novedad no futura sino presente del amor de Dios, que puede liberar a los oyentes del temor y la desesperanza. Jesús sabía que en la desesperanza nunca podría existir el gozo, ya que la desesperanza es una forma de morir lentamente y el gozo una forma sublime de vivir. Jesús anuncia con eco enérgico que ha venido a dar el sentido más pleno de la vida: *"...yo he venido para que tengan vida, y para que la tengan en abundancia"* (Juan 10:10). La vida ofrecida por Jesús consolida en todos los que la oyen un gozo inefable: *"Estas cosas os he hablado, para que mi gozo esté en vosotros, y vuestro gozo sea cumplido"* (15:11).

En mis lecturas personales a los evangelios, este dinamismo entre el anuncio de la esperanza y el gozo, ha sido un bello detalle que habitualmente logro percibir. Siempre la esperanza y la alegría que los oyentes de Jesús experimentaban, le antecedió el anuncio del amor del Padre. El amor que Jesús predicó y enseñó provocaba un gozo desbordante, porque el amor echa fuera todo el mal del corazón del hombre y lo posiciona en un estado de total dignidad y bienaventuranza. El ser amado siente que es alguien en el corazón del que lo ama, es por eso que Jesús anunció dicho amor porque el pueblo debía saber quiénes eran en el corazón de Dios, y así no seguir consumiendo esa distorsionada y manipulada idea del gozo venidero predicada por el sistema religioso[119].

El gozo en Jesús era un inagotable deleite, ya que él mismo era una expresión generosa del amor de Dios. Para los que se encontraban cerca de Jesús, les era muy fácil sonreír y estar en completo sosiego. En esa proximidad se encontraban con la verdad del amor divino y con el gozo que produce dicho amor. El gozo de Jesús es la dicha de hallarse en la verdad del amor de Dios Padre. Una verdad que recobra la dicha de sentirse en plena cercanía y amistad para con Dios. Siempre aquello que se ve liberado nunca es indiferente con su libertador, al contrario, se transforma en un ser permanentemente agradecido. Es por eso que el pueblo se sentía agradecido y feliz con Jesucristo. Recibió con sencillez sus palabras y reconoció los rostros del amor divino delineadas en cada una de sus acciones. El Emanuel se dejaba irradiar en sus obras y en el contenido de su mensaje. Constantemente era anunciado con notable claridad y superioridad teológica. Ni los pensadores del templo tenían este nivel de revelación sobre la persona y mensaje amoroso de Dios.

Que notable superioridad moral tenía Jesús al mostrar su intención de no sólo trasmitir intelectualmente algo del amor, la verdad y el gozo de Dios, sino también el abrirse del diálogo a la dimensión más vivencial de esta revelación. En esa apertura Jesús dejaba al descubierto su gran gozo, como un fulgor que es imposible ocultar su destello. Jesús está lleno de alegría, porque esta llenó de la verdad de su Padre. Una verdad que no sólo invitaba a saber de Dios, sino también a experimentar su mensaje liberador. Esta era una experiencia inigualable e incomparable por su gran inclusividad, a diferencia del contenido exclusivo de los místicos del templo, que se hacían dueño de la verdad y de los beneficios de la misma, ofreciéndole al pueblo las migajas de su pobre hermenéutica de lo venidero. Pero la experiencia divina en Jesús era una verdadera relevación abierta, donde los excluidos como las mujeres, los niños y los ancianos encontraban apertura total a toda la bendición que dicha revelación anunciaba.

La verdad que anunció Jesús venía sin sesgos y sin partidismos. Dicha verdad nunca categorizó o se limitó a beneficiar sólo a un sector. Pero esa otra verdad nacida en los religiosos del templo, surgía de una interpretación falaz y artificiada por la religión disfrazada de piedad, y

---

[119] En el año 2021, participé en varios diálogos pastorales donde compartíamos con amigos y colegas la necesidad de definir la naturaleza del quehacer pastoral desde el modelo de Jesucristo. Todos coincidíamos en señalar como punto de partida, que Jesús era el modelo insigne de amor pastoral. Él siempre mostró una pastoral perfecta, porque su capacidad de amar era perfecta. Tan dotado y completo era su disposición ministerial que el mismo discípulo amado resaltó, que en el ministerio de Jesús la esencia amorosa de Dios se irradiaba con notable claridad, creatividad y donación (1 de Juan 4:7-12).

que sólo beneficiaba a los sectores aristócratas, dejando en la sombra y en la penuria a la población más pobre. Pareciera muy asumido en el presente el cuidado de no caer en esta misma falacia, sin embargo, todavía hay algunos que cometen el error de beneficiar en sus ministerios a personas con mayor situación social, dejando en un segundo plano a las personas de menos recursos socioeconómicos. Ante estas posibles falsedades, nos hace bien mantener como consejo rector, las pertinentes palabras del apóstol Santiago: *"La religión pura y sin mácula delante de Dios el Padre es esta: Visitar a los huérfanos y a las viudas en sus tribulaciones, y guardarse sin mancha del mundo* (Santiago 1:27). No menor son las comprometedoras palabras del profeta Miqueas: *"Oh hombre, él te ha declarado lo que es bueno, y qué pide Jehová de ti: solamente hacer justicia, y amar misericordia, y humillarte ante tu Dios"* (Miqueas 6:8). Que completa sería nuestra comprensión de la verdad si también mantenemos vivo el consejo del profeta Isaías: *"Aprended a hacer el bien; buscad el juicio, restituir al agraviado, haced justicia al huérfano, amparad a la viuda"* (Isaías 1:17)[120].

Nuestra identidad personal y ministerial siempre se verá enriquecida en la persona de Jesús. Como nueva creación en Cristo, somos una verdadera novedad regenerada, trasformada y bienaventurada. Siempre impulsada por el Espíritu a manifestarse gloriosamente entre los hombres. Jesús le llamó a esta novedad la *vida abundante* (Juan 10:10). Abundantemente gloriosa y abundantemente significativa, donde la síntesis de la existencia basada en el gozo manifestado, resulta en un

---

[120] En lo personal, me cala profundamente la referencia a las viudas tanto en el libro de Santiago como en Isaías. Entre ellos hay siglos que los separan y escenarios históricos completamente diferentes, pero aun así, el huérfano y la viuda son parte del contenido de la verdadera justicia, que tanto Isaías como Santiago sostuvieron. El tema de la viuda es parte de la redención social que anuncia el profeta. Es notable el interés de las Escrituras por defender la causa de las colectividades más desposeídas, porque verdaderamente quedaban a la intemperie de la vida, desprovistas de todo derecho y bien. Recuerdo cuando mi padre falleció, y ese año llamaba constantemente a mi mamá para estar al tanto de su difícil proceso. Aunque ella continuó en el pastorado, sin embargo, no era fácil mantener un día a la vez su vigor y su compromiso pastoral de seguir adelante. Mi hermano Cristian que vivía cerca de ella estuvo a su lado, y mi hermano Israel que viajaba constantemente a la ciudad donde residía mi mamá, también estuvo sosteniendo la vida de mi madre. Desde california me coordinaba con mis hermanos para el continuo cuidado que teníamos de mi madre. No fue fácil para nosotros como hijos y para mi madre como esposa, la partida de mi padre. La pérdida de un ser amado siempre provoca un escenario muy complejo. Son muchas las preguntas que surgen y muchos los pensamientos que invaden el alma de una viuda. El proceso de la viudez es demoledor, es por eso que la Biblia habla de la necesidad del acompañamiento, que básicamente es ir al escenario más íntimo del que sufre, y donde todo apoyo y sostén emocional tiene sentido. En relación a esto, siempre estaré agradecido con todos aquellos que se hicieron presentes en el año más difícil de la vida de mi madre. Llevaré siempre en mi mente la bondad y amor demostrado en el momento más difícil de nuestra familia.

vivir más pleno y henchido de alegría, con el fin de vivir con mayor sentido, productividad y con mayor impacto.

Sobre el bello tema de la vida abundante, apreciemos como lo retrata Juan: *"...yo he venido para que tengan vida, y para que la tengan en abundancia"* (Juan 10:10). En este mensaje Jesús nos sugiere vivir la vida de manera desbordante. Más allá de las medidas limitadas. Una vida rebosada y grandemente generosa para darse sin reservas como Cristo entre los hombres. Jesús siempre modeló tal generosidad, compartiendo su vida plena de belleza, solidaridad y propósito, donde el prójimo como principal beneficiado es hallado y amado; nunca abandonado, sino liberado de todo mal y tragedia. La vida abundante es un verdadero proyecto donde las categorías opresoras de aquel entonces llenas de discriminación y clasismos, se destruyeron. Jesús no sólo propuso en esto una nueva realidad espiritual, sino también una nueva manera de ser entre los hombres. Las estructuras discriminatorias e injustas que incluso el templo cobijaba, mantenían a las personas incautas, resignadas y en temor. En ese contexto, el anuncio a viva voz de la vida abundante era un verdadero grito ensordecedor, que golpeó y sacudió los cimientos de dicha estructura. Jesús en esta proclamación se enfocó en el bienestar de las personas, desde sus necesidades inmediatas, hasta las que ofrecían una correcta comprensión de las bendiciones venideras. Jesús ofreció algo abundante y no medidas imprecisas o limitadas. Él ofreció todo el bien anhelado e incluso entregó a manos llenas aquello que no pedían, pero evidentemente necesitaban[121].

El contenido de la proclamación de Jesús, era justamente la liberación total y la resignificancia de una fe no nacida desde la religión, sino desde la propuesta redentora de Jesús. El vino a levantar la esperanza en los corazones oprimidos, para que vivieran desde el sentido más pleno de la vida. Una vida, donde ya no estarían resignados a la privación de todo bien divino, sino a la libertad de vivir plenamente todo don y bondad perfecta venida del cielo.

---

[121] Me fascina la declaración de la *vida abundante* que Jesús ofreció. Lo he reflexionado no sólo desde el campo de la investigación bíblica, sino también desde mis propias lecturas devocionales. El contexto de esta declaración es maravillosa y magistralmente enriquecido por una serie de metáforas y visiones. Jesús inicia presentándose como el pastor que entra al lugar donde descansan sus ovejas (Juan 10:2-6). También él es la puerta que asegura el bienestar de ellas (versos 7-9). Jesús dice que están los que procuran hurtar, matar y destruir, y son un peligro latente para su rebaño (verso 10). Sin embargo, las figuras de Jesús como el pastor que protege y cuida, y a la vez la puerta donde ellas reposan seguras, son presentadas para dejar garantizado la plena protección de Jesús. No hay absolutamente nada que pueda perturbar tal seguridad. Aunque el peligro sea real y nos asedie, el cuidado de Jesús es suficiente y absoluto, y en él está garantizada la vida en su más elevada, desbordante y abundante vivencia.

Esto es lo que Cristo siempre nos ha propuesto. La novedad de su maravillosa vida, mucho más sublime de lo que podríamos vislumbrar (1 de Corintios 2:9, Efesios 3:20). Esta primicia de Jesús radica en la alegría de su ser, ya que él ama como el Padre ama y su ser feliz lo demuestra en el ofrecimiento de darnos su propia vida abundante. Esta vida gloriosa manifestada en nosotros, no sólo conlleva el placer de vivirla y disfrutarla, sino también la dicha de compartirla con otros que necesitan de su bondad y dulzura. Jesús ama como el Padre ama y la iglesia debe vivir e irradiar dicho amor, de la misma forma como Jesús y el Padre la expresan.

Jesús no podría ofrecernos con alegría algo que no fuera parte de él. Tampoco podría ofrecernos aquello que no fuese parte del deleite de su ser. Jesús nos ofreció su vida misma como el regalo más sublime. Al darnos su vida nos deja saber que, al participar de ella, nos hace parte de la familia divina. Por lo tanto, tenemos un Padre divino que nos hace uno en él y en su amor. Esta maravillosa adopción, el apóstol Pablo lo expresa de la siguiente manera: *"(14) Porque todos los que son guiados por el Espíritu de Dios, éstos con hijos de Dios. (15) Pues no habéis recibido el espíritu de esclavitud para estar otra vez en terror, sino que habéis recibido el espíritu de adopción, por el cual clamamos: ¡Abba, Padre!"* (Romanos 8:14-15).

8.3. El gozo de Jesús al disponer su don

En una de sus visitas habituales de Jesús a los poblados pobres, un leproso logró acercarse a él. Es muy probable que tal leproso se las había arreglado muy bien para pasar inadvertido entre la multitud. No sabemos cómo pudo esconder su mutilado cuerpo y disimular su pestilente condición, sin embargo, logró impulsarse desde el desespero de encontrarse con aquel que podía cambiar en un instante su pesadilla. Recordemos que los leprosos ante la ley eran considerados impuros[122]. Un impuro no sólo le era prohibido entrar al templo o a las sinagogas; tampoco podían participar de la comunidad en general. El impuro leproso estaba condenado a sufrir en total abandono y morir entre las

---

[122] Levítico 13 trata de manera muy amplia el tema de la lepra. Recordemos que esta enfermedad cutánea causaba una terrible y agónica muerte. No cabe duda que, por lo habitual de esta enfermedad y el temor a su contagio, la ley dedicó un capítulo entero a su diagnóstico. Tal capítulo podríamos dividirlo en cuatro sesiones; en los versos 1 al 8, se dan una serie de ideas y métodos de cómo examinar en los cuerpos la presencia de señales epidérmicas de la lepra. Del verso 9 al 44, se registran una serie de protocolos que los sacerdotes debían cumplir a cabalidad, cuando trataban los casos de lepra. Los versos 45 y 46, relatan la lamentable situación de una persona declarada con lepra. Del 47 al 59, se dan una serie de consejos para separar la ropa con fluidos propios de la saturación de la lepra, y como estas debían ser quemadas.

sombras del olvido, ya que no podía incluso estar cerca de sus propios seres amados.

Entendiendo como se pensaba en aquel entonces la categoría de impuro, podemos imaginar lo excluidos que ellos se sentían no sólo de la vida diaria, sino también de Dios. Era una verdadera teología del abandono, donde se afirmaba que el impuro es aquel que está excluido del amor divino. Tal desdicha no sólo se aceptaba, sino que además se le daba base religiosa con el fin de justificar la indolencia. Los enfermos abandonados no podían ir al templo ni tampoco podían tocar sus murallas, a lo que se supone era la casa de un Dios bondadoso. Esta situación para un leproso que era un perfecto no bienvenido, significaba estar completamente lejos no sólo del templo, sino también del Señor del templo.

El tema de los no bienvenidos se construye por la certeza de ver el templo como la única casa de Dios. Esto no era una idea menor, más bien era un verdadero axioma fundamental en la teología judía. Esta idea señalaba que el templo es la habitación de Dios, y como tal es un lugar divino donde no hay espacio para los impuros y para los enfermos. Esta forma de pensar mantenía una insostenible contradicción, donde se imaginaba el templo como la habitación de un Dios amoroso, pero a la vez excluyente. Sin duda, esto fue uno de los motivos por el cual Jesús se distanció del templo, ya que no aceptaba la cuestionada y contradictoria teología de la santidad del templo.

Siguiendo la historia del leproso que audazmente se acercó a Jesús, los evangelistas sinópticos (Mateo, Marco y Lucas), plasman bellos detalles de este singular encuentro, permitiéndonos incluso suponer la emoción que pudo haberse desbordado. El leproso se acercó y se arrodilló delante de Jesús. Se humilló ante aquel que podía aliviarlo de su descomunal miseria, maldición y desahuciada realidad. Se postró y en su plegaria humilde sólo exclamó: *"Señor, si quieres, puedes limpiarme"* (Mateo 8:1-4, Marcos 1:40-45, Lucas 5:12-16). Me hubiera gustado que los evangelistas hubieran dado más datos de este singular leproso. Por lo menos su nombre o el lugar de procedencia, ya que su plegaria es diferente a cualquiera que podríamos encontrar en los evangelios. En varias ocasiones, podemos encontrar en las Escrituras, leprosos pidiendo directamente a Jesús por sanidad. Todas estas súplicas fueron directas y específicas, y todas ellas escuchadas por Jesús. Pero este leproso en particular, le pide a Jesús de manera tan mesurada, que la desesperación se transformó en sabiduría, apelando mayormente al sentir soberano de Jesús. Los tres evangelistas relatan que Jesús extendió su mano, lo tocó y le dijo: *"quiero, se limpio"*. Me fascina el proceder del leproso, ya que era razonable que él reclamara con toda intensidad el ser sano. Pero sus palabras llenas de humildad y paciencia apelaban a la misericordia de Jesús. Pienso que en medio de teologías de la súper fe, donde más que un acto reverente la fe suena a un acto de exigencia impertinente, deberíamos volver a leer historias como la de este leproso, que nos muestran la manera más inteligente y dócil de presentarse ante el dador de los milagros.

¿Qué movió la misericordia de Jesús en esta escena tan bella? Lo movió la belleza de su ser y la necesidad de ver siempre a los demás en plena horizontalidad con su amor y su gozo. Lo movió también la fe llena de claridad divina y humildad que tenía el moribundo leproso. Jesús lo sanó, disponiéndose completamente a la plegaria de él. Jesús no sólo fue diligente en esa situación, también fue plenamente sensible, concediendo sin obstáculo lo que más anhelaba el leproso[123].

Disponerse para los demás era un ejercicio habitual en Jesús. En lo creativo y espontáneo de cada acción, se anidaba su alegría de saber quién era y cuál era su misión. El gozo de pertenecer a Dios, de saber que ha venido de Él y comprender la naturaleza de la misión de su Padre, hablaban de la enriquecida consciencia mesiánica que tenía Jesús de sí mismo y de su entrega total a los más desposeídos de su tiempo.

Jesús se da humildemente a la plegaria también humilde del necesitado. Es la humildad del que puede sostener el dolor y aliviar la carga, y es la humildad del que reconoce la necesidad de dicha ayuda. La humildad de uno siempre reconoce la humildad del otro. La altanería y el orgullo vano es incapaz de reconocer y acudir a la humildad del otro. La humildad en el modelo de Jesús es creadora de relaciones siempre lineales, donde la idea escalonada, selectiva o desigual no tiene ni la más mínima cabida.

Hay tanto que aprender de Jesús, especialmente hoy donde abundan las relaciones convenencieras y de servicio desigual. Y que decir, de lo que algunos denominan "cultura ministerial selectiva", donde se anima el ministro a ser selectivo con sus amistades pastorales, buscando generalmente a otros que tengan sus mismos "éxitos". Sobre esto, le escuché una vez a un ministro el siguiente argumento: *"Ahora que tengo una congregación más grande, bebo ser parte de un círculo selectivo más exitoso de pastores y maestros"*. Lo chocante de esto, es que este tipo de argumento está en el corazón de algunos ministros que buscan

---

[123] La sensibilidad ante el dolor de los demás, debe concebir acciones concretas. El dolor y el sufrir no sólo deben ser reconocidos; también, deben ser tratados a través de un proceso bíblico de sanación. Esto debe ser un quehacer claramente ejercitado por nuestro liderazgo. Somos portadores de esperanzas y trabajadores de la paz y del consuelo. Jesús en esta maravillosa historia nos llama a ser partícipes de la sanidad de los que sufren, y no ser un observador distante e incapaz de sobrellevar la más mínima necesidad del prójimo.

sólo la comunión con otros grupos "exitosos", distanciándose e incluso evitando la comunión con otros pastores y pastoras, catalogados por ellos como ministerios pequeños. No dudo del valor de las amistades de propósito y de la necesidad de tener referentes ministeriales, y de conocer ministerios que con sus logros puedan inspirarnos y enseñarnos. Pero si la motivación es únicamente estética, y para alimentar cierto orgullo o para ser parte de algún "círculo o estatus de exitosos", entonces no sólo se ha reducido o empobrecido el sentido de lo que significa ser un ministro del reino, sino que además se ha perdido completamente dicho sentido. El gozo de Jesús hizo que la disposición de sus dones y virtudes fuesen desde la humildad. Jesús no sintió ninguna necesidad de presumir quien era ni dejar bien sabido el poder que tenía. Tampoco necesitó codearse con algún religioso exitoso de su tiempo. Él estaba a la disposición de cualquier persona que se acercaba con toda buena intensión. Con atención podía mantener una notable conversación con los nobles y respetuosos religiosos como Nicodemo. Pero también podía profundizar un liberador diálogo con algún desdichado de la sociedad como la estigmatizada samaritana. Tanto Nicodemo como la mujer samaritana responden a dos realidades sociales muy distantes, que en Jesús no primaron para determinar alguna diferencia cualitativa entre un encuentro y otro. Jesús no hizo diferencia cuando se trató de acudir a la necesidad del prójimo. Él estuvo y estará siempre accesible para ayudar y valorar sin distinción alguna a todas las personas[124].

No puedes separar en Jesús la relación entre mensaje y mensajero, ya que fue un comunicador comprometido por entregar con alegría un mensaje de esperanza que el mismo irradiaba. Un mensaje que era el testimonio vivo de la hermandad divina que se asomaba al hombre, no de manera amenazante ni mucho menos condicionante o selectiva, sino amistosa, integradora y reconciliadora.

El gozo de Jesús era contagioso y ante su presencia nadie podía quedar indiferente. Incluso los religiosos que constantemente intentaban asediarlo, no podían ser impasibles ante él y sus palabras. En ellos la obsesión por Jesús resultaba en admiración, y a la vez en un profundo odio. Independientemente a la hipócrita postura que tenían ante él, no podían ocultar la amargura de tenerlo entre sus cejas. En cambio, en la multitud se desataba la alegría de estar cerca de Jesús. Era tal la algarabía, que como bien lo relata el evangelista Marcos, el entusiasmo

---

[124] Siempre estaré agradecido de mis padres por haberme modelado una filosofía ministerial al servicio de todas las personas, sin distinguir alguna diferencia entre una y otras, ni mucho menos esperar de ellos algo a cambio. Si pudiera definir los pilares de esta filosofía ministerial aprendida, lo definiría bajo tres virtudes fundamentales: fe, amor y servicio.

por encontrarse con el maestro les hacía olvidar incluso las necesidades básicas de alimentarse y descansar (Marcos 6:30-44). En este texto citado, se describe una multitud que ha estado escuchando a Jesús sin complicación o reparo alguno. Han estado atentos a sus palabras, y aunque la jornada ha sido extremadamente extenuante y dilatada, la multitud no se había ido a ningún lado. Eran tan potentes y atractivas las palabras de Jesús, que era mejor ignorar el hambre o el cansancio por seguir alimentando el espíritu con su poderoso mensaje. Todas las necesidades naturales no eran mayores que la necesidad de escuchar y sentir como Jesús tejía en sus almas la esperanza.

Cuando Jesús hablaba, inmediatamente tenía la atención de todos aquellos que lograban escucharle. Las palabras de Jesús no eran meras conclusiones sobre la situación socio política del momento o unas cuantas frases bien articuladas para imponer alguna especie de autoridad religiosa sobre los demás. Más bien, Jesús se comunicaba desde lo profundo de su corazón, para acercarse al prójimo con el fin de reivindicarlo a una nueva realidad bienaventurada. Las personas se sentían plenamente dichosas y volvían a sus hogares con esa novedad, y aunque continuaban con las mismas necesidades cotidianas, sabían que tenían esperanza y que podían vivir de manera distinta, porque habían aprendido a ver a Dios como su *Abba*.

¿Qué inspiró Jesús en su mensaje? Inspiró una nueva apertura llena de dignidad, para que todos los desposeídos, los no bienvenidos y abandonados pudieran vivir la revelación de un Dios amoroso y reivindicador. También inspiró una verdadera teología de encuentro, donde Dios quiere ser Padre de todos los hombres y mujeres, y desea que su templo sea la casa de todos no importando su trasfondo, condición y realidad presente. Por último, Jesús inspiró el arrepentimiento como una respuesta tan natural al mensaje que expresó. Un arrepentimiento que conllevaba el gozo de sentirse perdonado y libre de todo temor, exclusión y de la necesidad de luchar con sus propias fuerzas para alcanzar algún favor del cielo.

¿Qué percibían en Jesús los niños y niñas que deseaban estar con él, y escucharlo atentamente? Le escuché a la profesora Olga Rubí[125], una destacada educadora de nuestra denominación, decir lo siguiente: *"tendrás la atención de los niños, una vez que ellos hayan percibido, además del buen contenido de tu lección, tu entusiasmo y tu alegría al enseñar"*. Creo que la pregunta inicial, se puede responder en esta idea expuesta por la profesora Rubí. Uno mismo sabe que un comunicador

---

125 Olga Rubí es una destacada educadora del programa bíblico de la Iglesia de Dios. Sus conocimientos sobre psicopedagogía y sus años de servicio educacional, han contribuido al desarrollo notable de una generación de estudiantes hispanos en el norte de California.

logrará nuestra atención tanto por el contenido que nos propone, como por la forma que lo expone. Jesús era un ser feliz al enseñar, porque sabía que su enseñanza apuntaba a las necesidades e inquietudes de su audiencia. Tenía un notable nivel de entusiasmo y compromiso. Nunca fue liviano o trivial. Al contrario, tenía claridad y profundidad; además, tenía una exquisita habilidad de llevar las enseñanzas del reino al oído y al corazón de todos los oyentes. Incluso los niños eran atraídos por la ternura de su pedagogía y su dominio para exponer, aún a ellos las profundidades del reino.

8.4. El gozo de vivir con pleno sentido y propósito

Mi padre siempre nos amenizaba con una bella canción que en su coro decía: *"en él hallé la vida y también su perdón; dale tu corazón, él te dará alegría..."*. Bello canto de la autoría del cantautor mexicano Manuel Bonilla, que presenta la felicidad como una de las dulces consecuencias de haberse encontrado con la persona de Jesús. Este bienestar no sólo es por la novedad de hallarse amado por el Señor, sino también por la certeza de sentir que dicho encuentro es definitorio. En esta canción no hay otra forma de imaginar la vida en Jesús, sino en plena dicha y felicidad duradera e inalterable.

La experiencia con Jesús cautiva la totalidad de nuestras vivencias. Todo nuestro ser siente su transformador impacto. Un verdadero movimiento donde se sacude todo, desde las más profundas dimensiones racionales e intelectuales de nuestro pensar, hasta las áreas más sensibles y emocionales de nuestra interioridad. Nuestros sentimientos llenos de agradecimiento por el don del perdón, la libertad y la salvación, afloran completando la dicha de saber que a partir de esta experiencia con Jesús, nuestro existir no es un mero accidente, sino una vida llena de sentido y propósito. En Cristo la vida se vuelve más auténtica, sabiendo que cada día se trazan nuevas pinceladas, tonalidades y matices, donde la esperanza, el amor y el gozo son sus mejores colores. La razón que no se ignora, se hace presente con su mejor disposición humilde al estar consciente que una verdad que lo supera lo ha redimido, y aunque todo el paisaje redentor no se entienda completamente, sin embargo, tiene confianza en creer que le ha sucedido lo mejor que le pudo haber pasado. En esta experiencia, la razón ha sido iluminada para descubrir que hay realidades más allá de lo que los sentidos naturales podrían percibir y deducir.

Definitivamente en Jesús está nuestra identidad existencial y compromiso ministerial. Todo en él nace, subsiste y es permanentemente perfeccionado. Esta manera novedosa de ver la vida, el apóstol Pablo magistralmente la cita a través de una bella expresión: *"Porque en él vivimos, y nos movemos, y somos…"* (Hechos 17:28). Si bien es cierto, no hay un consenso en los comentaristas del Nuevo Testamento sobre el autor de la expresión citada, sin embargo, hay varios que se inclinan a pensar, de los cuales también me incluyo, que el autor podría ser el filósofo Epiménides (siglo VI a.C.). Ahora, independientemente a este dato, lo más importante no es la necesidad de constatar la autoría de dicha frase, sino el de hacer una reflexión sobre el alcance que conlleva esta declaración. Pablo la cita como parte de su diálogo ricamente intelectual y argumentativo que tiene con los atenienses. El fin de la cita, era llevar a sus oidores a considerar la suficiencia de Cristo, y que sólo en él la existencia humana alcanza el sentido pleno de su historia[126].

Algunos han argumentado que Pablo en esta frase valida algún tipo de idea panteísta sobre lo divino[127]. Sin embargo, Pablo para nada señala que todo era Dios, más bien lo que está afirmando es que *en Cristo* todas las cosas son posibles. Este tema de la suficiencia de Cristo, retumbó en los oídos de los atenienses capturando profundamente su gran curiosidad intelectual.

Lo expresado y citado por Pablo, fue una verdadera primicia llena de sentido filosófico y espiritual. El apóstol con altura pensante, sostuvo que Dios no es sólo el origen de la humanidad, sino también el que la sostiene.

¿Qué conclusiones teológicas y prácticas podemos deducir de esta bella expresión que usa Pablo? En lo personal concluyo en varias ideas prácticas. Primeramente, Pablo quiere que podamos reconocer que en Cristo se recrea una nueva humanidad para vivir y desarrollarse en plena libertad y armonía con la voluntad divina. Una voluntad que no se recibe por imposición, sino que se anida en el corazón de cada discípulo, para

---

126 Estuve en Grecia en Noviembre de 2018, siendo parte de una serie de diálogos sobre Pablo y el pensamiento filosófico y religioso de la antigua Grecia. Las investigaciones hechas en Corinto, Delfo y la misma Atenas, en lo personal enriquecieron y ampliaron mi trabajo como educador e investigador del Nuevo Testamento. Sobre lo vivido en Grecia, puedo constatar que el diálogo desarrollado por Pablo entre los atenienses, fue una experiencia ricamente intelectual (Hechos 17:16-34). Los lugareños atenienses eran dados a la especulación, la discusión y la búsqueda de pensamientos religiosos nuevos. Y no cabe duda, que Pablo desplegó todo su recurso teológico para predicar de manera sólida la trascendencia y suficiencia de Cristo. Logrando captar la atención de estos religiosos atenienses; e incluso, encaminar algunos de ellos a la fe en Jesucristo.

127 Básicamente el panteísmo es un pensamiento filosófico que afirma que Dios es una esencia que está presente en toda realidad existente en el universo. Por lo tanto, como Dios existe en toda la naturaleza viva, entonces la naturaleza existente es Dios. A diferencia con este pensamiento filosófico, la mayoría de los cristianos creemos que Dios está por sobre lo existente, siendo lo creado un testimonio de su trascendencia. La naturaleza no es Dios, pero si revela su *eterno poder y deidad* (Romanos 1:20)

conducirlo en el conocimiento de lo que Dios desea para su vida. Como segunda idea, sería la bendición de saber que en él se forma una nueva vida llena de sentido. Una vida donde su realización está más allá de las posesiones y de los logros. Una vida que no se percibe accidental, sino llena de propósito. Una vida que ha hallado en Jesucristo el más claro motivo de su existencia y su más claro propósito. Como una tercera conclusión, resalto el hecho de que todo lo que somos y hacemos en él, es siempre una obra íntegra, permanente y fructífera. Nada de lo que Dios forme en nosotros y lo que nos lleve a realizar, es infértil o carente de designio. Nuestras vidas y todo aquello que podemos realizar, no es transitorio ni carente de valor. Al contrario, en Cristo todo tiene utilidad y beneficio. Añadido a esto, el Espíritu Santo desarrolla en nosotros un sólido e imperativo compromiso hacia el plan de Dios.

Pablo nos invita a reconocer que la vida que formamos debe centrase en la persona de Jesucristo. La expresión griega Ἐν αὐτῷ *en autó* traducido como *"en él"*, es una expresión Cristo céntrica que sostiene la idea de que la existencia nueva que se va desarrollando en todos nosotros, sólo se da si está en plena horizontalidad con Cristo, ya que él es quien la produce y la sostiene. Dicha vida no puede darse, estimularse ni mucho menos desarrollarse fuera de Cristo.

Por último, los verbos *en él vivimos, somos y nos movemos*, no imaginan la vida en su desdén o tragedia, de ser así, no hay mayor tragedia para el hombre que vivir en él y no hay mayor esfuerzo que salirse de él. Pero definitivamente no es así, ya que el mensaje dado por Pablo revela el gozo de vivir en Cristo. Las respuestas de la vida y el sentido de la misma, no están en las cosas sino en él. *En él vivimos*, porque Dios es el origen de nuestra propia existencia. *En él nos movemos*, porque él ha dispuesto todo para vivir la vida de la manera más vivificante y significativa. Nos movemos en él, pero no de manera accidental o casual, ya que todo lo que somos y seremos obedece a una vida que se encamina con regocijo a cumplir su gran propósito. *En él somos*, no como un resultado de las circunstancias o de lo que la mayoría impone. Confiadamente podemos saber quiénes somos y lo que Dios nos dice amorosamente, porque el mismo diseñó la vida y la manera más auténtica de disfrutarla.

No sólo vivimos la vida desde una correcta perspectiva centrada en Cristo, también la vivimos disfrutando inefablemente el gozo de tenerla centrada en él y centrada en su mensaje. Pero la vida que no busca a Cristo como el centro, tiende a divagar en una tempestad de experiencias y creencias; la mayoría de ellas erróneas. Además, el gozo que viene de Dios no puede concebirse en la vida que ha dejado a Cristo como el centro, como su fuente y sustento de su existir. No podemos vivir sin identidad ni mucho menos carente del sentido de vivir. Hay muchas cosas e incluso personas dispuestas a imponernos una identidad, pero Dios no usa ese tipo de presiones o coerciones, más bien Jesús nos invita a contemplar y vivir con alegría la vida presente, descubriendo en ella nuestro gran propósito.

Apéndice

I. El pastor y sus jóvenes: pautas básicas para una relación cercana y productiva[128]

Por: Manuel Huerta Neira

Me considero un ministro muy cercano a la juventud. Creo en ellos y en lo que podrían lograr para el reino de Dios. Creo también, en la necesidad de direccionar todo su potencial para que sus habilidades, su alta creatividad y su entusiasmo conquistador alcancen su mayor eficacia. No tengo problemas en delegar y proveer espacios para el desarrollo de sus dones espirituales y naturales. Mi compromiso es el de administrar su velocidad, no para impedir su avance, sino para enseñarles la importancia de los pasos sabios. Una juventud encaminada con amor y sabiduría, aprenderá a potenciar su creatividad proactiva y perfeccionar su gran capacidad.

En nuestro pastorado junto a mi esposa Rosita, hemos visto el gran beneficio que puede significar la juventud para el ministerio pastoral. En el mismo libro de los Hechos, podemos leer las historias de jóvenes comprometidos con la causa del Evangelio y con el ministerio de los apóstoles del Señor Jesús. Los jóvenes pueden asumir algunas iniciativas donde su prontitud, creatividad y tiempo son el gran beneficio que uno anhela de ellos recibir. Si bien es cierto, la Biblia señala que los jóvenes flaquean y se cansan, pero eso es normal, ya que el ímpetu y la pasión para hacer las cosas, los pueden llevar al límite de sus capacidades. Es por eso que insisto en la necesidad de estar cerca de

---

[128] Este escrito que a continuación leerás, fue presentado por mi padre en un evento sobre pastoral juvenil realizado en Patten University (Julio del 2014). En dicha ocasión, mi padre se concentró en la importancia de crear relaciones mucho más productivas entre el pastor principal y sus pastores juveniles. El resumen de lo presentado fue extraído de la grabación que se hizo del evento.

ellos, para direccionarlos y proveerles todo lo necesario, con el fin de que se sientan respaldados a través de nuestro pastorado.

Nuestra juventud es uno de los bellos tesoros que la Iglesia tiene, y debemos ayudarles, empoderarlos y proveerles espacios para que vivan en plenitud la fe. Ellos necesitan la confianza suficiente para desarrollar plenamente su visión pastoral. Si los limitamos, indirectamente nosotros también nos estamos limitando. Cuando hablo de proveerles espacio, me refiero a la total confianza que debemos darle a nuestra juventud. Es cierto que muchos de ellos tienen grandes ideas, pero poco rendimiento, sin embargo, sus ideas en las manos nuestras pueden significar un gran avance para nuestra visión y trabajo pastoral. Ellos tienen la fuerza que produce el ímpetu y nosotros la sabiduría que produce la experiencia, y no hay dinamita más pura y explosiva como la fuerza y la sabiduría unidas para alcanzar un gran proyecto.

Juntamente con mi esposa Rosita hemos creído tanto en la capacidad de los jóvenes que, en nuestro equipo de liderazgo, hemos tenido incluso algunos jóvenes solteros trabajando como consejeros de la iglesia local. Es muy valioso invertir en ellos, como también es valioso invertir en los niños, los ancianos y en todos los adultos en general.

Hablo mayormente de los jóvenes, porque es el tema de este diálogo, sin embargo, nos consideramos pastores generacionales. Siempre procurando que tanto los niños, jóvenes, adultos y los ancianos, ninguno de ellos quede fuera de recibir de parte nuestra el amor, cuidado, acompañamiento y enseñanza pastoral. Siempre tratamos de consolidar una total confianza, para que todos ellos desarrollen con libertad sus talentos y sus dones.

Tengo entendido que en los últimos años se fue consolidando esta nueva filosofía ministerial llamada la pastoral juvenil. Básicamente la pastoral juvenil busca consolidar de una manera mucho más especializada, todas las acciones que tengan la finalidad de ayudar a los jóvenes en sus necesidades específicas. En la pastoral juvenil se potencia la capacidad ministerial del líder de jóvenes, que en algunos casos será llamado el pastor de jóvenes. También se trabaja sobre la base de las necesidades y las expectativas de los jóvenes. Como también, se instrumentaliza eficazmente la tecnología que se tiene a la mano. En lo personal me gusta este planteamiento, y en lo posible tratamos de dar espacios a esta iniciativa. Pero aun cuando hubiese un pastor de jóvenes, nosotros los pastores principales no podemos distanciarnos ni auto marginarnos del círculo de nuestros jóvenes.

Si tuviera que compartir algunas recomendaciones básicas, y a la vez vitales para desarrollar una pastoral cercana y efectivamente

Apéndice

empática con los jóvenes, resaltaría 6 consejos que durante toda nuestra vida pastoral hemos procurado con mi esposa cultivar:

1. Confiar en el liderazgo de jóvenes

Si confiamos en nuestros jóvenes, también procuraremos confiar en la capacidad de sus líderes. Debemos creer en sus ideas, pero no de manera ciega, ya que como pastores debemos entender el contenido de ellas. Es más, pedir que te hablen de sus ideas es una forma muy estimulante de mostrarles que estamos muy interesados en su desarrollo, y que deseamos siempre escucharlos y apoyarlos. Estar presentes en sus reuniones y predicarles, también resultará en una profunda relación pastor y jóvenes, donde la credibilidad, la confianza y la comunicación serán dinámicas tan naturales, espontáneas y habituales entre ellos y nosotros.

2. Impulsar la participación de las jóvenes

Las jóvenes en un futuro cercano se consolidarán en muchas áreas, y si desde jóvenes sienten la libertad de desarrollar sus dones y capacidades, entonces de adultas seguirán comprometidas para ser parte del desarrollo de la iglesia local. Hay muchachas muy creativas y con gran capacidad de liderazgo, y a ese potencial femenino hay que proveerle confianza para que se desarrolle sin limitaciones ni prejuicios. Se podría crear un espacio de enseñanza o discipulado sólo para ellas con el fin de explorar, descubrir y estimular su gran capacidad de servicio. Recuerdo lo efectivo que fue aquellos discipulados que realizaba mi esposa Rosita con algunas señoritas de nuestra congregación. Los discipulados abarcaban temas propios de la mujer, su participación en el reino y la importancia de su liderazgo. Varias de ellas fueron después impulsadas en nuestro ministerio pastoral como predicadoras, líderes de influencia e incluso como pastoras.

3. Estimular el diálogo entre el pastor y sus jóvenes

Como pastores no debemos estar lejos de los jóvenes. Más bien, mostrémonos siempre accesibles. Ellos necesitan nuestro consejo y nuestros oídos, para que nos den a conocer sus ideas e inquietudes. Los jóvenes tienen la capacidad innata de percibir cuando no se sienten apreciados ni mucho menos considerados. Por lo tanto, abramos diálogos, conversaciones abiertas y sesiones de preguntas para que sientan que nuestros oídos no sólo están para los adultos, sino también para ellos. Este acercamiento nos hará más integradores y facilitadores. En lo personal, disfrutaba mucho cuando tenía con los jóvenes unos diálogos llamados *pregúntale al pastor*. Me sentaban frente a los jóvenes y ellos me hacían todo tipo de preguntas. Buen momento para interactuar y enriquecernos mutuamente. En estos diálogos no sólo crecen los jóvenes con tus ideas sobre la fe y Dios, también crece uno al escuchar sus preguntas y sus comentarios, ya que a través de esta sencilla dinámica vas descubriendo el sentir más íntimo de ellos.

4. Desarrollar un mensaje inspirador

Exponer el consejo de Dios a los jóvenes es un privilegio, mayormente cuando ellos aprecian tu consejo y disponen siempre su corazón a escucharte. Cuando prediquemos hagámoslo de manera inspiradora, para que ellos se sientan desafiados a ser protagonistas de lo que Dios está haciendo en este tiempo. Debemos decirles que creemos en ellos y que no hay nada que pueda detenerlos para cumplir su gran propósito en Dios. Insistamos en decirles que estamos para ellos y para sus sueños en Dios. Pero no sólo hay que decirles que creemos en ellos, también hay que demostrarlo. Recuerde que no hay algo más frustrante que escuchar de alguien que cree en ti, pero al final sólo te limita o se niega facilitar tus buenos proyectos. Con una correcta intencionalidad procuremos motivarlos en nuestra predicación y ministración, teniendo como objetivo principal el desarrollo íntegro de su experiencia cristiana. Para tener un mayor éxito en esta gestión, comunícate con el líder o pastor de jóvenes para que puede proveerte ciertas ideas de lo que tu juventud está necesitando.

5. Motivar un gran amor por la comunidad de fe

Los jóvenes deben sentirse parte de la comunidad, y quien más que nosotros los pastores para decirles lo importantes que son para nuestro ministerio y para el desarrollo de la iglesia local. Los jóvenes se van consolidando en sus respectivas profesiones, y algunos de ellos al sentirse parte de la congregación y de nuestros ministerios, se transforman en las personas que más contribuyen con su presencia, talentos y finanzas a nuestros proyectos. Se sienten agradecidos y comprometidos, y eso es muy valioso para nosotros los ministros. Sin duda, que no todos los jóvenes desarrollan esa actitud y nivel de compromiso. Yo mismo me he visto sorprendido en el desarrollo de mi ministerio, ver a jóvenes consolidarse en sus profesiones y al final ser un pobre aporte para la comunidad local. Algunos se convierten sólo en congregantes ocasionales, y otros desde el rincón más cómodo de la pasividad, se transforman en meros críticos. Sin embargo, también hemos tenido la dicha de disfrutar el apoyo de jóvenes que aman la casa de Dios, aprecian nuestro trabajo pastoral y nos apoyan con su presencia, sus finanzas y con sus grandiosos talentos. Con ellos es un deleite trabajar.

6. Facilitar una consejería restauradora y direccionadora

A menudo los jóvenes están envueltos en situaciones difíciles. Algunos incluso fallan, siendo víctimas de una severa culpabilidad. Como pastores debemos ser restauradores de vidas y facilitadores de nuevas oportunidades. Los jóvenes deben sentir que después de Dios y sus padres, cuentan con pastores llenos de amor y solidaridad. A veces la palabra de un pastor, especialmente esa severa, poco facilitadora y con falta de sabiduría, ha sido suficiente para que nuestros jóvenes se alejen de nosotros, de la iglesia e incluso de Dios. Es por eso que nuestra consejería debe ser lo más sanadora posible. Nunca condenadora, sino facilitadora de esperanzas, redención y perdón. Nunca debemos hacer sentir a los jóvenes que su fracaso será el fin de todo propósito y plan de Dios. Al contrario, debemos enfatizar que en Dios siempre hay nuevos horizontes y que una falla no determina que el propósito divino esté finalizado. No estoy diciendo con esto, que debemos bajarle la seriedad al pecado. Más bien, lo que trato de señalar, es que si el joven ha demostrado arrepentimiento y deseo de ser restaurado, debe sentirse completamente apoyado por nosotros los pastores. Independientemente la falla y no importa quienes lo abandonen por su falta, nosotros debemos estar con ellos luchando para que el Señor complete su obra sanadora y ellos puedan volver al curso original, hallándose nuevamente con su gran propósito y destino.

Por último, quiero señalar que estos consejos son una base de lo que podríamos seguir construyendo. Se pueden desarrollar e incluir todos los consejos y pasos que sean posibles. Nuestra Juventud necesita nuestra guía y nosotros necesitamos de su valioso apoyo. Ellos son una fuerza vital para la iglesia local y para nuestro quehacer pastoral. Es muy grato caminar y tener a tu lado varios jóvenes que conversan contigo y te consideran no sólo como un guía espiritual, sino también un amigo. Debemos desarrollar un pastorado que los inspire a luchar por sus sueños. Cuando invirtamos en su desarrollo, ellos en la medida que se vayan consolidando, se sentirán identificados y comprometidos con la misión de Jesús y con el ejercicio de nuestra pastoral. Nuestros jóvenes son nuestro futuro, pero también el sello presente de nuestro ministerio pastoral.

II. Las labores esenciales en el liderazgo pastoral[129]

Por: Manuel Huerta Neira

Quiero entregar una reflexión que nace mayormente de mi trabajo como ministro evangélico pentecostal. En este año 2016, junto a mi esposa cumplimos 43 años de matrimonio y de ministerio pastoral ininterrumpido. Por lo tanto, en algo podría hablar esta noche con absoluta propiedad y libertad.

En lo personal, uno de los grandes desafíos que he encontrado en mi trabajo pastoral, es el de lograr definir las labores pastorales esenciales que deben mantenerse en prioridad. Uno como ministro y mayormente los que venimos del pentecostalismo, nos surge esa idea de ser bueno en todo tipo de realidad y necesidad; un verdadero *hace de todo*. Cuando hablo de todo, hablo incluso de aquello que no pertenece necesariamente al ejercicio pastoral, pero por esa idea de ser un pastor *bueno*, tenemos la presión de hacerlo.

En mi bello país surge en algunas congregaciones esa idea de que, si el pastor no visita, no sale a la calle a predicar, no hace el aseo de la iglesia y no da señales de sacrificio, entonces para algunos no es un buen pastor. No importa si eres un excelente consejero, un maestro de nivel y un inspirador predicador, si no das esas señales de sacrificio no eres para algunos un buen pastor.

La verdad, es que esa visión pastoral del *hace de todo* de alguna manera nos hizo daño. El pastor orquesta, capaz de tocar todos los instrumentos; el que todo debe hacerlo, fácilmente se quema. Ahora, como una forma de equilibrar esta situación, nos haría bien ir constantemente a las Escrituras para redescubrir lo que significa ser un ministro de Jesucristo. Cuáles son nuestras verdaderas responsabilidades, y que cosas debemos dejarlas como ejercicios secundarios.

En el desarrollo de mi ministerio he descubierto cinco áreas vitales que deben estar en completa prioridad. Dichas áreas las divido entre la esfera de lo íntimo y las que tienen que ver con nuestro quehacer más público. Estas áreas las he podido desarrollar desde la experiencia de haber liderado como supervisor de pastores en nuestra denominación, y

---

[129] Este tema nace de un diálogo que mi padre dio para un programa radial en la ciudad de San Francisco California (Agosto, 2016). Él fue invitado para hablar de lo que significa el ministerio pastoral en el presente, y cuáles serían sus desafíos principales. Lo escrito fue extraído completamente de la grabación que realizó el programa radial "noche de fe".

por las vivencias personales propias de mi servicio pastoral. Dichas áreas son: la salud integral de mi propia familia, la preocupación por desarrollar una predicación inspiradora, habilidad en la consejería preventiva, enseñanza sistemática y la evangelización innovadora.

En cuanto a la salud íntegra de mi propia familia, me refiero al cuidado que le debo dar a mi matrimonio y a mis hijos. Esto lo hacemos no por imagen, sino por los nuestros que necesitan ver que estamos haciendo inversiones importantes a favor de ellos. Nuestra familia debe ser nuestra prioridad fundamental. Uno como pastor sabe que nos podemos quedar solos, e incluso abandonados por la misma denominación a la que pertenecemos, pero la familia nunca nos abandonaría. Sin duda, debemos ser buenos mayordomos del ministerio, sin embargo, es a nuestra propia familia la que debemos dar nuestra mejor disposición de amor y de servicio, ya que ellos son nuestra mayor inversión. Sé que esta área es muy descuidada. Yo mismo la descuide en mis primeros años de matrimonio y ministerio, pero en el presente he aprendido a balancear.

Recuerdo que en mis primeros años de servicio pastoral, me iba muy temprano a visitar hogares de hermanos que estaban enfermos o en necesidad, luego iba al hospital e incluso a predicar a la cárcel, y volvía a mi hogar en la noche, ignorando que a veces mi esposa Rosita y mis hijos no habían tenido nada que comer durante el día. Lamentablemente descuide mucho mi familia en mis primeros años de ministerio, porque esa era la filosofía ministerial que nos habían predicado. A veces escuchaba de algunos líderes lo siguiente: *primero Dios, luego la iglesia y tercero la familia*. Claro, esas palabras en aquel momento generaban hasta avivamiento, pero hoy generan nuestro más completo rechazo.

Una segunda área que afirmo su carácter prioritario, es la predicación inspiradora. Pienso que la predicación debe ser un área debidamente desarrollada en nuestra pastoral. Debemos procurar un mensaje sensiblemente pastoral y bíblicamente nutrido. Parece que este punto, es un tema muy tratado y ya superado, pero en realidad seguimos teniendo dificultad para desarrollarnos eficazmente en la lectura, interpretación y exposición del mensaje de Jesús. No me refiero al asunto carismático de la predicación, porque eso lo da el Espíritu Santo, más bien pienso en la debida preparación del mensaje. Debe existir un cuidado en la elaboración del sermón, partiendo por una debida lectura del pasaje, descubriendo su contexto y elaborando un bosquejo idóneo para el momento de la exposición. Si tenemos el estilo de repetirlos, procurar darle unos matices nuevos.

La predicación es una de las formas en que nuestras congregaciones crecen de manera saludable. Estudiar y especializarnos en el arte de la predicación, dará como consecuencia una palabra más elaborada y ricamente matizada de innovación, conocimiento y aporte. Con esto no dejo en desuso la preocupación espiritual del mensaje, ya que es un área evidentemente crucial para la debida efectividad espiritual del sermón.

La tercera prioridad es la consejería preventiva, que tiene la finalidad de anticiparse a los problemas. Reconozcamos que muchas veces ministramos en la esfera de lo correctivo; cuando los problemas están acabando la vida de las personas. Muchos de nosotros estamos constantemente atendiendo casos muy críticos, que podrían haberse evitado en una consejería preventiva. Es muy cansador la consejería que trata con la crisis en su nivel más avanzado. Muchos de nosotros sabemos que este tipo de ministración demanda mucho tiempo y esfuerzo emocional, especialmente cuando tratamos la crisis en su nivel más complejo. Por lo tanto, nos ayudaría mucho proveer enseñanzas de prevención para dar más luz sobre la vida y las relaciones interpersonales. Hay estudios que revelan que un pastor, cuando enseña la mejor manera de enfrentar los problemas, hace que las personas tengan de antemano mejores herramientas para enfrentar las crisis. Incluso, algunas situaciones no ameritarán la intervención pastoral, porque el conocimiento de cómo solucionarlos estará en el corazón de las personas.

En relación a la enseñanza sistemática, pienso en el correcto equipamiento que cada ministro debe proveer para el desarrollo bíblico, teológico y ministerial de su comunidad de fe. Creo en la educación que facilita procesos en el discipulado, fortalece las bases de los recién convertidos y consolida el desarrollo del saber, la experiencia y la unidad de fe en nuestras congregaciones. Una iglesia educada en la Palabra, en la teología y en temas ministeriales, está con una mejor disposición para asumir los retos que Dios le inspire. La educación ayuda al desarrollo cualitativo de la congregación. Se desarrollan mejor los ministerios, cuando proveemos educación sistemática de calidad bíblico-teológica. Junto a mi esposa hemos sido autodidactas, y siempre hemos procurado estar actualizados, con el fin de dar enseñanzas, espacios de diálogo y equipamiento de calidad a nuestro liderazgo. En la actualidad, tenemos la dicha de contar con un excelente equipo de maestros, algunos con vasta experiencia pastoral y otros con estudios teológicos de alto nivel, que han contribuido al fortalecimiento del desarrollo de nuestras congregaciones que actualmente ministramos.

Por último, creo en una evangelización innovadora. Siempre he sido un amante de la evangelización. En Chile, nosotros los pentecostales tenemos la costumbre de salir a la calle a predicar. Elegimos un punto de predicación, generalmente una esquina, luego cantamos y al final

Apéndice

damos un breve mensaje a viva voz. Sin duda, no hay un método único para evangelizar, sin embargo, la iglesia debe estar abierta a desarrollar los métodos que le inspire el Señor, y así ser usada como luz en el mundo de hoy. No todos participan en la evangelización porque dicen que no tienen tiempo, es por eso que debemos enseñarles que hacer la misión de Dios es hacerla de muchas maneras. Deben saber que su trabajo, su familia y los amigos que frecuentan socialmente pueden ser su campo de misión. Cada creyente debe ser un portavoz del mensaje de Jesús y debe saber que, en cualquier momento y lugar, dicho mensaje lo pueden expresar.

Para finalizar sólo deseo enfatizar que, si centralizamos nuestra tarea pastoral en estas áreas, nuestras congregaciones se verán más enriquecidas, equipadas e inspiradas para cumplir la misión de Dios. Ahora, como siempre señalo, estás áreas planteadas no son únicas ni mucho menos son técnicas mágicas. Lo que acabo de expresar es desde mi experiencia, pero al final cada uno como ministro debe desarrollar un plan de trabajo, de acuerdo a su realidad eclesiástica y contextual. Usted como pastor conoce su congregación. Conoce las habilidades, los dones y talentos que su liderazgo tiene. También sabe con quienes puede contar y con quienes no, a la hora iniciar nuevas iniciativas. Es por eso que lo que planteo no lo hago para imponer una idea pastoral, sino el ofrecer una referencia que sólo busca inspirarle y motivarle a seguir adelante. Al final, no se trata de nosotros sino de Jesús, el pastor principal de la grey.

III. Salgamos fuera de la puerta: reflexionando sobre nuestro sentido de misión[130]

Por: Manuel Huerta Neira

"(12) Por lo cual también Jesús, para santificar al pueblo mediante su propia sangre, padeció fuera de la puerta. (13) Salgamos, pues, a él, fuera del campamento, llevando su vituperio" (Hebreos 13:12-13). Este texto representa uno de los desafíos más directos que el escritor de Hebreos nos presenta. Jesucristo muere en el monte llamado la Calavera (Gólgota), un lugar despreciado por los judíos, ya que en dicho lugar la atrocidad y tortura de los romanos contra los condenados judíos era llevado a su nivel más mórbido.

Jesús fue alzado triunfante en la cruz del calvario. Tanto su muerte como su resurrección, son eventos que inauguran la novedad del Evangelio. Dicho glorioso evento sucede a las afueras de la ciudad; lejos del templo, sus puertas y su liturgia.

Recordemos que el templo y su aparataje religioso le era ajeno a Jesús, ya que su sistema litúrgico sólo agudizaba la desesperanza y para Jesús esto era inaceptable. Por lo tanto, Jesús sella su carrera profética muriendo fuera de la puerta del templo y lejos de su sistema. El epílogo de su vida y obra, sucede no alrededor de lo religioso, sino en Gólgota; el lugar más pagano y desolador.

El llamado de Dios en el libro de Hebreos es claro, ya que como Iglesia del Señor debemos ser fieles a nuestro distintivo Cristo céntrico. Debemos salir fuera de esas puertas religiosas que nos esclavizan. Alejarnos de todo aquello que no interpreta la misión de Jesús. La Iglesia no debe girar solamente en torno al culto y al templo, más bien debe vivir direccionado a Cristo, su mensaje y su misión.

Encerrarnos en nuestras paredes o alrededor de nuestras celebraciones, sin tener el mínimo impulso de llevar las buenas nuevas a los que están fuera de la puerta, es alejarnos del distintivo misional de Cristo. La liturgia nunca será mayor que la misión de Jesús. Aunque debo reconocer mi inquietud, ya que veo a las generaciones más jóvenes, con una preocupación desmedida en la celebración. Me llama la atención que hay una preocupación por la estética del culto; por la música muy bien orquestada, letras muy bien articuladas y

---

130 Este escrito nace de una predicación que realizó mi padre en la capilla del programa de extensión del seminario LABI, en la ciudad de Fremont California (Julio 2016). Este es el resumen editado de la predicación.

celebraciones donde la puesta en escena es a nivel de grandes conciertos. No estoy en contra de esto, pero lo que me preocupa es ver una generación muy litúrgica, pero poco misional. Preocupados en el brillo de las luces del templo y en el sonido de los instrumentos cada día más sofisticados, pero totalmente despreocupados por las sombras de su ciudad. Parece tan perfecta y rica nuestras reuniones, pero tan pobre nuestra responsabilidad profética hacia un mundo que sufre.

La Iglesia debe salir, porque si la gloria de Cristo se consolidó muriendo y resucitando fuera de la puerta, cuanto más la Iglesia consolida su identidad y propósito en Cristo, manifestándose como luz fuera de la puerta. Somos luz y sal dados como regalo al mundo. La luz debe brillar en la oscuridad y fuera de la puerta hay oscuridad. Encender la luz en nuestras casas, no tiene razón de ser cuando el día está en su mayor esplendor. Lo mismo sucede cuando encerramos toda nuestra devoción en el templo y su culto, pero entre los no creyentes somos totalmente indiferentes. Muchos creyentes no sólo han escondido su luz debajo del almud; algunos entre los inconversos la han apagado.

Salgamos como pueblo de Dios al mundo, para que los que están fuera de la puerta vean nuestras buenas obras y escuchen la novedad del Evangelio. Seamos entre ellos portadores del mensaje de esperanza. Seamos no una luz tenue, sino destellante e intensamente brillante. Recordemos que la Iglesia fue imaginada no para girar alrededor de sí misma. Fue imaginada para el mundo; fue imaginada fuera de la puerta.

IV. La belleza de la lealtad[131]

Por: María Rosa Valdés

En mis años de ministerio junto a mi esposo, una de las virtudes que siempre consideramos de suma importancia, fue la virtud de la lealtad. Esta es una bella virtud que he tratado de vivirla a nivel personal y pastoral. Valoro mucho la lealtad que como pastores debemos tener para con la congregación, como también aprecio y disfruto aquella lealtad que una congregación demuestra hacia nuestra persona y ministerio. Como decía mi esposo: *"el amor y la fidelidad entre el pastor(a) y su congregación deben ser vivencias recíprocas"*.

Tengo en alta estima esta virtud, ya que la lealtad es una forma clara de demostrar nuestro amor y compromiso para con una persona o un proyecto. Estoy convencida que la lealtad nace del amor. Pero el que no ama simplemente deja de apoyarte y al final termina por abandonarte. En círculos más íntimos, para mantener permanentemente relaciones familiares y ministeriales saludables, es fundamental que se consolide la lealtad entre todos los integrantes de dicha relación.

Entiendo que a muchos no les resulta muy fácil este tema, porque han tenido experiencias muy negativas de abuso, y esto ha resultado en desconfiar en todo lo que se muestre como autoridad. No siempre la autoridad se comporta de la mejor manera. Muchas veces la manera de hablar y de llevar a cabo algunas acciones de parte de una autoridad, sólo ha traído confusión e incluso dolor. Es por eso la importancia de estar constantemente conectados al consejo de la Palabra de Dios, para que al ejercer la autoridad lo hagamos con amor, teniendo siempre en cuenta que somos sólo siervos en su obra y no señores de ella.

¿Qué es la lealtad?

Los sinónimos cercanos de lealtad como la fidelidad, afinidad y apego, nos ayudan a entender lo que significa la lealtad. Todos de alguna manera, tenemos una noción básica de lo que podría significar la lealtad, y de los bellos beneficios que sostiene. Creo que estaríamos de acuerdo en definirla como la actitud de amar, apoyar y consolidar

---

[131] Este estudio fue elaborado por mi madre a dos meses de la partida de mi padre (Marzo 2018). Ella lo elaboró y lo presentó a sus líderes de la Iglesia de Dios en Concepción Chile, para continuar con ellos la visión trazada.

Apéndice

una óptima disposición, para mantenernos al lado de las personas y sus proyectos que requieren de nuestra total fidelidad y apoyo.

Características de la lealtad:

1. La lealtad nace del verdadero amor

Cuando hay amor hay lealtad, porque la fidelidad es un ejercicio natural del amor. Como señalé antes, debido a los malos ejemplos de manipulación podemos tener temor de vivir en plena fidelidad y lealtad para con nuestras autoridades pastorales y con todos aquellos que nos lideran en el Señor. Sin embargo, el amor debe echar fuera todo temor (1 Juan 4:18). Pero si insistimos en temer y negarnos a vivir en fidelidad, no hemos permitido que el amor nos libere y nos perfeccione. Debemos considerar siempre el amor como una virtud rectora en todas nuestras relaciones interpersonales.

2. La lealtad es la disposición de cumplir con lo que se ha prometido

Las Escrituras muestran la importancia de la lealtad. Pasajes como Efesios 5:21, hablan del deseo de Dios de *someternos los unos a los otros en el temor de Dios*. En mis años como pastora (desde 1972 hasta el presente), me he encontrado con personas que encuentran la palabra sometimiento como dura e incluso opresiva. Pero, para entender mejor el término, voy a citar un comentario que desarrolló en un estudio el maestro Marco A. Huerta (mi hijo mayor), respecto a este pasaje. Marco señaló lo siguiente:

Efesios 5:21, es un pasaje que ofrece una gran riqueza interpretativa. El verbo "someteos" indica el acto recíproco de mostrarnos serviciales, creíbles y humildes hacia los demás. Una traducción más dinámica de este verbo, podría ser: "bajo seguridad los unos a los otros, bajo confianza y protección". El sometimiento que propone el texto, nunca debe verse en un sentido peyorativo, sino como la cálida, libre y amorosa relación de confianza, consideración y relación que nos debemos los unos a los otros. Una cobertura que produce un ambiente de dignidad cristiana, solidaridad y amor. El apóstol Pablo al utilizar este término, realza la bendición de estar bajo sometimiento. ¿A que nos sometemos los unos a los otros? Nos sometemos recíprocamente al amor, el trato lleno de gracia y bondad; también, a la riqueza de las virtudes, dones y servicio que están a disposición los unos a otros[132].

---

132 Huerta, Marco A. (2003). *El liderazgo cristiano ante sus desafíos impostergables.* (Manual inédito). ISUB Instituto Superior de Biblia. Oakland, California. Pag. 32

3. La lealtad viene de la humildad

La humildad es una virtud poderosa que lamentablemente el mundo la interpreta como una debilidad. Nadie quiere ser humillado o pasado a llevar, y es muy probable que dicho temor les lleve algunos a mantener una distancia, barrera emocional o incluso un alejamiento constante para con los que representa una autoridad.

Debemos ser humildes y reconocer la autoridad de Cristo en la vida de los que nos lideran en el Señor. La humildad no surge desde la ignorancia, sino desde el reconocimiento de aquellos que nos presiden y son nuestra cobertura espiritual. Ellos han sido delegados por Dios para nuestro crecimiento y para nuestro bien.

4. La lealtad se desarrolla bajo el señorío de Cristo

El señorío de Cristo lo podemos definir como la total autoridad de Cristo sobre la vida de aquel que confiadamente ha depositado su esperanza, fe y amor en Dios. Dicho señorío no se impone, sino que se recibe como regalo divino.

El señorío de Cristo se disfruta en plena libertad y amor. Todo lo que venga de Cristo es recibido con total confianza. La comunidad donde uno es parte y el liderazgo pastoral que nos dirige, son parte del señorío de Cristo en nuestras vidas. Por lo tanto, considerar nuestra comunidad de fe como una familia y estar a la disposición nuestros líderes y pastores, es una forma de reconocer y amar el señorío de Cristo.

5. La lealtad es la derrota del temor

El amor echa fuera el temor (1 Juan 4:18). El amor es siempre una virtud superior. En Cantares 8:6, se dice que *el amor es más fuerte que la muerte* (VBLP versión Biblia La Palabra, España). El temor es un sentir que si lo manejamos mal nos paraliza. También puede limitar y hacer infértil nuestras relaciones interpersonales. Por el temor podemos tener limitada nuestra capacidad para avanzar en la vida y hacia fructíferas relaciones ministeriales. El temor paraliza nuestro desarrollo y nuestra capacidad para ser parte de grandes proyectos en Dios. El temor nos aleja de aquellos que significan nuestro bien. Lo único que puede vencer el temor es el amor. Por lo tanto, debemos amar todo lo que viene de parte de Dios. Sin temor y limitaciones amemos el liderazgo que ha sido delegado por Cristo para pastorearnos. Amemos a aquellos que velan por nuestras vidas e interceden por nuestro desarrollo en la fe.

Apéndice

V. Menos púlpito: reconociendo otros espacios donde también se interpreta nuestra pastoral[133]

Por: Manuel Huerta Neira

La palabra púlpito sólo aparece una vez en las Escrituras; cuando Esdras frente al pueblo lee el libro de la ley (Nehemías 8:2-4). Es importante considerar este dato, ya que el énfasis de algunos ministerios más contemporáneos es centralizar todo el ejercicio pastoral solamente en el altar, imaginándolo como el único lugar donde la tarea pastoral se consolida.

Quizás, por el título del tema, alguien podría pensar que no valoro el ejercicio de la predicación en el púlpito, pero en realidad si lo valoro. Es más, estoy convencido de que debe haber una preocupación por lo que estamos entregando cada domingo desde nuestros púlpitos. Sin duda, la predicación es una labor sumamente importante en nuestro trabajo pastoral. En lo personal, siempre me he preocupado de dar no sólo un buen mensaje, sino un mensaje sensiblemente pertinente y sólidamente bíblico.

El punto es que veo en ciertos ministerios una preocupación casi exclusiva en la homilía, pero un descuido en otras áreas también pertinentes. En relación a esto, permítanme decir unas cuantas ideas sobre lo que percibo en torno a esta pertinencia, que a veces la percibo desmedida.

Primeramente, veo una idea excesiva de centrar todo en el altar. Reitero el valor del ejercicio de la predicación, pero si sólo me centro en esto, estoy limitando lo que verdaderamente significa pastorear una congregación. Pensamos en el púlpito, como si desde allí podríamos alcanzar la necesidad total. Claro que podemos alcanzar ciertas necesidades, pero no todas. Por lo tanto, nuestro trabajo va más allá del altar.

La desmedida importancia del altar, nos puede hacer olvidar el ejercicio pastoral hacia fuera. Centrarnos sólo a nuestras cuatro paredes, es ignorar las necesidades de las personas, tanto las que son parte de nuestra comunidad de fe como aquellas que no lo son.

Nuestro ministerio pastoral en parte es itinerante, ya que de manera natural y sin presiones consideramos el hogar, un hospital y la cárcel de

---

133 Este tema fue desarrollado en un diálogo con líderes y pastores de la Comunidad Cristiana en la ciudad de Petaluma California (Agosto, 2016). El escrito es un resumen del audio grabado por dicha comunidad.

nuestra ciudad; como también, la calle, el vecindario y cualquier otro lugar, como nuestro campo de acción pastoral. Desde esta visión nos transformamos no sólo en pastores de un templo, sino también en ministros de la ciudad.

¿Dónde está el dolor de la ciudad? En sus calles; y si somos ministros enviados por Jesús al dolor de los hombres, debemos entonces ir donde el dolor está en su mayor intensidad. Debemos ir más allá del púlpito, en la forma y estilo que más nos represente. Hay métodos más modernos y otros tradicionales, pero todos buscan irradiar el mensaje de Jesús a cada persona. Debemos generar presencia en las calles y en cualquier lugar donde la realidad del pecado impera. Por eso, hagamos de la esquina de nuestro barrio nuestro altar. Miremos como un lugar sagrado la sala de espera de un hospital, la escuela del vecindario y cualquier otro lugar donde el mensaje de Jesús pueda ser expresado.

En Chile, los pentecostales tenemos la tradición de salir a la calle a predicar. Es una práctica habitual y muy criolla de dicho movimiento. Pero para algunos es una tradición innecesaria, y según ellos de pocos resultados. En lo personal lo practico desde siempre, ya que es una de las tantas formas que hay para dar a conocer a nuestros vecinos el Evangelio de Cristo. Salir a la calle de esa manera interpreta mi quehacer pastoral. Una forma de la usanza antigua, que alcanzó y sigue alcanzando con el Evangelio a muchos. Nadie puede negar que esto es una forma válida de hacer presente el mensaje de Jesús en la calle.

Ir más allá de nuestros púlpitos no es fácil para algunos, porque significa desacomodarse. Sacar a la Iglesia hacia fuera tampoco es fácil, ya que no todos están dispuestos a sembrar parte de su tiempo, capacidades y recursos para tal acción. Pero es necesario propiciarlo, siendo nosotros los pastores el mayor ejemplo de sensibilidad y disposición hacia los que están fuera. Sigamos con la preocupación de dar una excelente exposición del mensaje desde nuestros púlpitos, pero no centralicemos nuestra disposición pastoral sólo en eso. Aunque la predicación es un ejercicio importante para nosotros los pastores, sin embargo, también hay otros contextos donde el mensaje del Evangelio debe ser oído.

Apéndice

VI. Historia de dos caminantes: Manuel Huerta & María Rosa Valdés[134]

Por: María Rosa Valdés

Éramos dos jóvenes que veníamos de diferentes lugares: Manuel Huerta Neira, un nortino de la ciudad de Copiapó[135]; y yo, María Rosa Valdés, una joven de un pequeño pueblo llamado Rengo[136]. Nuestras vidas fueron casi parecidas, debido a que los dos éramos los mayores entre nuestros hermanos. Además, veníamos de hogares donde la pobreza era parte de nuestra infancia.

Desde muy pequeña ayudé a mi mamá con los quehaceres propios de un hogar del campo, y haciéndome cargo de mis hermanos menores. Por su parte, mi esposo Huertita (como habitualmente le llamaba), desde los 9 años trabajó en las calles de Vallenar y Copiapó lustrando zapatos, vendiendo periódicos o cantando en algunos festivales de barrio. Los dos veníamos de vidas muy sacrificadas y marcadas por la experiencia de asumir responsabilidades aun siendo niños. La vida de Huertita fue dura, pero gracias a Dios él a sus 16 años pudo conocer al Señor por medio de una obra sanadora sobre su cuerpo enfermo.

Mi esposo entregó su vida al Señor a los 16, y a sus 18 años se fue a estudiar al Instituto Bíblico de la Iglesia de Dios en Santiago de Chile. A partir de esa fecha, su vida se transformó en una constante aventura ministerial llena de fe y amor.

En aquellos tiempos, los estudiantes de dicho Instituto Bíblico realizaban sus prácticas ministeriales en diversas iglesias de la capital y en sus alrededores. Justo a Huertita lo mandaron a predicar en varias ocasiones al campo, al pueblo de Panquehue, donde estaba la congregación que yo y mi mamá asistíamos. Me llamaba mucho la atención donde él se estaba preparando, ya que también había sentido un fuerte llamado al ministerio y deseaba también educarme.

---

134 Este escrito lo fue elaborando mi madre durante todo el 2018. Es una breve recopilación de la vida ministerial que ella disfrutó junto a mi padre. Esta bella historia, sería después leída en varios memoriales donde se honraría la vida y contribución de mi padre a las denominaciones cristianas de la ciudad de Concepción Chile. También sería reconocido en actividades ecuménicas, su trabajo como capellán del hospital principal de dicha ciudad.

135 Copiapó es una ciudad ubicada al norte de Chile. Es muy conocida porque entre el mes de abril y mayo, el desierto árido de la región se llena de bellos mantos de flores naturales por las lluvias que recibe.

136 Rengo es un bello pueblo ubicado a unas 70 millas al sur de la ciudad capital Santiago. Muy conocido por la belleza de su campo, la calidad agrícola y sus bellos viñedos.

Cuando mi esposo cursaba el segundo año de sus estudios teológicos, llegué al seminario a estudiar. Cuando me vio, él se acordó de que yo asistía a la iglesia campesina donde él habitualmente iba a predicar. Después de algunos meses comenzamos a ser muy buenos amigos. Hacíamos las tareas juntos y en medio de tantas conversaciones comenzó a formarse un bello amor. Luego de un año de relación formal, decidimos casarnos el 11 de Diciembre de 1971.

Una vez casados, fuimos enviados como misioneros al puerto de Caldera[137]. En aquel tiempo no se preguntaba cuanto era la ayuda que nos darían, más bien se contaba sólo con la pasión de hacer misiones y eso era suficiente para sentirnos felices. Los recursos eran casi inexistentes, pero el amor por su obra era desbordante.

Nuestro ministerio y predicación siempre fue Cristo céntrica, ya que estábamos completamente apasionados con nuestro llamado. Enfrentamos con mucha pasión todo, incluso los momentos más difíciles. Fueron muchos los momentos complejos, ya que tanto la hostilidad de las personas que no querían del Evangelio y la falta de ayuda, nos hacían vivir momentos de total soledad. Sin embargo, esto no era un impedimento para sentirnos dichosos en su obra misionera.

Un día llegaron a la ciudad un ministerio que se llamaba *Juventud para Cristo*. Por primera vez nos sentíamos acompañados en esta ardua tarea misionera. Ellos pasaban películas cristianas por las noches al aire libre. Después de la película, Huertita predicaba y yo enseñaba a los niños en la playa. Fue un tiempo muy hermoso donde Dios volvía revitalizar nuestras fuerzas.

Éramos muy jóvenes y teníamos mucho vigor para enfrentar momentos en las que no teníamos incluso que comer. Vivimos el terrible frío del invierno, diversas incomodidades y la falta de asistencia médica. En ese contexto de mucha limitación y de poco acceso a un buen sistema de salud, supe que estaba embarazada. Nos ilusionamos tanto con la noticia que nuestras limitaciones las veíamos tan pasajeras.

La primera familia que ganamos para Cristo se convirtió en nuestros primeros discípulos. A veces, ellos nos llevaban algo de comer ignorando nuestra verdadera situación. Los tres hijos de esta familia de discípulos, eran mis alumnos en nuestra pequeña escuela dominical. Era sorprendente cada vez que uno de ellos llegaba con algo de comida para nosotros. Yo lloraba bastante, porque Dios en ese acto me mostraba que su fidelidad estaba cerca de nosotros. Sin embargo, a veces había momentos de mucha escasez. Y fue justamente en uno de esos días

---

[137] Caldera es una ciudad pesquera y también minera, parte de la tercera región del norte de Chile.

Apéndice

difíciles, cuando Huertita al regresar de visitar enfermos al hospital y a la cárcel, me pide algo para almorzar. La verdad es que ni yo había podido comer ese día. Tenía mi vientre tan vacío que cuando él reaccionó nos pusimos a llorar juntos. Me miró y me dijo; *"Rosita, yo consigo dinero para viajar a Santiago. Iré a entregar mis credenciales y a renunciar al ministerio, porque yo no puedo verte así"*. Ante lo que me dijo, yo tomé valor y le dije: *"Huertita, Dios nos ha llamado y él tiene que respaldarnos. Yo quiero contar victorias a nuestros amigos del ministerio y de como Dios, sólo él, ha sido fiel"*.

Estas palabras llenas de fe que le dije a mi amado fueron duramente probadas después, ya que durante mi proceso de embarazo tuve fuertes síntomas de perdida. En el día más crítico de esos dolores, fui llevada de urgencia de Caldera a la ciudad de Copiapó. En el trayecto sentía que me moría. Lamentablemente fue imposible salvar a nuestro primer bebe. Lloramos con tanta amargura, que sentía que mi fe era sacudida y lastimada. Pero Dios supo cómo consolarnos y mantenernos en el trabajo misionero. Después de un par de años nació mi hijo Marco.

Al tiempo, fuimos enviados a remplazar a los pastores Juan y Luisa Castro, porque estaban asumiendo nuevas asignaciones pastorales. Ellos eran un tremendo referente en Chile. Excelentes predicadores y nosotros unos jóvenes. Nos sentíamos tan honrados por la oportunidad de continuar su labor en la Iglesia de Dios de Copiapó. Lo bueno, es que creyeron en nosotros y nos dieron la oportunidad de pastorear dicha Iglesia. Ya en Copiapó nacieron Cristian e Israel y Dios comenzó a bendecirnos.

Luego de estar pastoreando en Copiapó, fuimos trasladados al sur de Chile, a la ciudad de Osorno, donde hicimos un trabajo muy fructífero. Huertita decidió reconstruir y remodelar el edificio de la Iglesia, de la misma forma que lo había hecho con la Iglesia de Copiapó. En Osorno Dios prosperó nuestro ministerio, especialmente en la formación de discípulos y nuevos ministros.

A los años fuimos enviados a la ciudad de Concepción, donde el trabajo fue similar. Reconstruir y remodelar el edificio y hacer un trabajo pastoral entre los congregantes. Ya estábamos más experimentados en el trabajo ministerial y teníamos la capacidad de soñar con un ministerio mucho más sólido.

En la ciudad de Concepción, mi amado esposo se consolidó como un excelente predicador y maestro. Fue elegido en varias ocasiones como presidente del Consejo de Pastores de la ciudad, y para muchos él era un verdadero apóstol de la ciudad. Yo a su lado, pude tener la oportunidad de ministrar en varios eventos a pastoras y líderes mujeres de nuestra ciudad y fuera de nuestro país. Siempre procuramos como matrimonio y familia ser de mucha bendición.

Huertita fue capellán del principal Hospital Regional de la ciudad de Concepción. Visitaba a los presos de la cárcel de alta seguridad. Amigo y consejero de autoridades de la ciudad. Expositor en varios eventos con autoridades, médicos y capellanes del Hospital Regional de la ciudad. Él era muy querido por la capellanía católica y por todos los ministerios evangélicos, que hasta el día de hoy siguen dando un excelente servicio pastoral en el Hospital Regional de Concepción.

Con mi esposo siempre demostramos amor por el Evangelio. Estuviéramos en congregaciones grandes o pequeñas. Entre los niños, los jóvenes o con los adultos, siempre nos caracterizamos por ser ministros muy cercanos a las personas.

En el presente estábamos pastoreando dos congregaciones, donde demostramos siempre nuestra pasión y nuestro fiel deseo de servir y amar a las personas. Para Huertita y para mí el ministerio nunca fue una carga, al contrario, siempre fue una gran bendición que le dio total sentido a nuestras vidas.

El 11 de Diciembre del 2017 cumplimos 46 años de matrimonio y de vida pastoral. Teníamos tantos proyectos y sueños. Nuestra ilusión era lograr cumplir 50 años de casado y de ministerio pastoral.

Hoy mi Huertita no está. Dios decidió llamarlo a su presencia el 11 de Enero del 2018. Mi bello esposo, el caminante de la ciudad de Concepción dirigió sus últimos pasos en dirección al cielo. Todo este tiempo ha sido un período difícil y aunque el dolor este presente, sin embargo, me he sentido muy amada y abrazada por Dios. Lloré mucho, porque toda la vida tanto familiar como pastoral la construimos juntos.

Al pensar en mi vida al lado de Huertita y recordar nuestros años, veo a Dios en cada episodio. Nuestras vidas han sido un plan de Dios. Él nos incluyó en sus planes y fue imposible escapar de su mirada. Pero esta maravillosa historia de dos peregrinos no se fue con mi amado esposo; por el contrario, esta historia la seguiré escribiendo yo. Sembrando como siempre amor y dando lo mejor que pueda dar a las personas que Dios me permita amar, bendecir y ministrar. Ese siempre ha sido mi trabajo, propósito y el único sentido de mi vida.

www.ingramcontent.com/pod-product-compliance
Lightning Source LLC
Chambersburg PA
CBHW020902090426
42736CB00008B/461